역사에
별빛처럼
빛난 자들

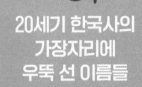

20세기 한국사의
가장자리에
우뚝 선 이름들

역사에
별빛처럼
빛난 자들

강부원 지음

자신만의 고유한 색을 띠며
밝게 빛난 자들

누구나 빛나고 윤기 있는 삶을 살길 원한다. 남루하고 보잘것없는 인생을 원하는 이들이 어디 있겠는가. 그렇지만 스스로 밝은 빛을 내는 발광체는 드물다. 대부분 눈에 띄지 않거나 살며시 타오르다 가 이내 꺼져버린 성냥개비 같은 신세다. 세상의 가장자리에서 보통의 삶을 사는 우리 모두의 경우가 대개 그렇다.

역사에 이름을 남긴 이들은 모두 밝게 빛나 보이게 마련이다. 범인은 상상도 하지 못할 크고 높은 업적을 남기거나 초월적 능력을 발휘한 한 시대의 영웅들이 연상된다. 격동의 한국 근현대사를 대표할 인물을 손꼽을 때 불세출의 지도자나 역경을 이겨내고 승리한

4

정치가를 떠올리는 건 자연스러운 일이다. 지금껏 그래왔고 그렇게 배워 알고 있기 때문이다.

그래서인지 역사책엔 정치와 경제 분야에서 큰 성과를 남긴 인물들의 이야기만 주로 회자된다. 그 외 다른 분야의 인물들을 찾아보기란 쉽지 않다. 성장주의와 발전 이데올로기가 지배했던 한국 사회에서 어쩌면 당연한 일이다.

하지만 조금만 고개를 돌려 살펴보면, 경쟁에 매몰된 짓무른 세상에 생기를 불어넣고 황금만능주의로 혼탁했던 시절을 맑게 정화했던 빛나는 사람들이 보인다. 스스로의 삶을 가꾸고 정돈하는 건 물론 남을 위한 희생과 헌신도 마다하지 않은 존재들. 척박한 영토를 개척하며 수백 번 넘어져도 스스로 다시 일어선 자들. '대문자 역사'에 이름을 새길 정도로 뚜렷한 족적을 남긴 건 아니지만, 일상을 살아가는 우리에게 큰 영향을 미치고 오랫동안 기억에 남아 있는 사람들 말이다.

이 책에서 소개하고 있는 인물들이 모두 여기에 해당한다. 한낮의 태양처럼 강렬하고 뜨겁진 않지만 밤하늘을 수놓은 별들처럼 은은하게 반짝이는 사람들. 지난 한 세기 동안 자신만의 고유한 색을 띠며 밝게 빛나던 존재들을 찾다 보니 아무래도 그렇게 모아졌다. 이들이 일평생 온몸으로 써 내려간 자기 서사를 역사란 이름으로 다시 정리해 옮겨 적었을 따름이다.

한편 이들 대부분은 사회, 문화, 예술, 교육 방면에서 활동했다는 공통점을 지니고 있다. 당대엔 '괴짜' 혹은 '별종'으로 불렸지만, 지금 돌아봤을 때 이들이야말로 미래의 시간을 앞서 살아간 전복적이고 아방가르드한 존재였다는 사실을 확인할 수 있다. 또한 이들에겐 혼자만 잘살기보다 타인과 함께 두루 잘사는 방법을 고민하느라 애쓴 흔적도 깊이 새겨져 있다.

이들은 출세와 성공을 좇는 입신양명의 가치관으론 도저히 이해하기 어려운 삶의 궤적을 보여주기도 한다. 부와 명예보다 '자유'와 '해방'을 선택했고, 불의한 세상과 타협하지 않고 '공의로운 이상'을 추구하는 길을 걸었다. 이들 모두는 '진취적인 사상'과 '유연한 생각'을 품은 새로운 인간형이었다.

20세기로 접어들며 신문과 방송 같은 미디어가 세상의 눈과 귀를 사로잡으면서 대중문화의 힘은 더욱 세지고 강해졌다. 곰곰 돌이켜 보건대 20세기는 과연 '문화의 시대'라 부를 만하다. 공교롭게도 이 책에서 다루고 있는 인물들은 거의 모두 대중문화의 현장에서 활약하거나, 영화나 드라마 같은 재현물을 통해 널리 알려진 경우가 많다.

여기에 소개된 사람 전부를 20세기 한국사의 주역이라고 말하기 어려울 수 있지만, 최소한 지난 한 세기 동안 우리의 생각을 크게 변화시키고 감정을 격발한 존재들이었다고 말할 수 있다. 많은 사람이 힘겨운 지난 세기를 살아내며 이들에게 정서적으로 의존하거나, 이들의 활동 덕분에 상처받은 마음을 치유하기도 했다.

이들이 끼친 유무형의 영향력은 많은 걸 바꿨다. 지난 한 세기 동안 어려운 이웃을 위해 먼저 발 벗고 나서거나 사회와 문화 예술 분야에서 찬란한 기억으로 남아 있는 이들을 '역사에 별빛처럼 빛난 자들'이라고 부르려 한다. 이들이야말로 우리가 지금껏 누려온 성숙한 제도와 풍요로운 문화를 만들어낸 주역이며, 일상의 변화를 이끌어내기 위해 가장 앞선 곳에서 적극적으로 노력한 존재들이다.

이들이 더욱 돋보이는 이유는 스스로 빛을 발하는 발광체였기 때문이라기보다, 우리 사회의 어둠과 두려움을 몰아내고자 눈에 불을 켜고 세상 한복판으로 뛰어들었기 때문이리라. 또한 이들은 어떤 작은 빛이라도 더 밝게 반사하며 온 세상에 따뜻함과 아름다움을 전하는 역할을 자처하기도 했다.

이 책에 나오는 스물여섯 명은 새로운 길을 개척하고, 참기 힘든 일을 잘 견뎌내며, 어려운 이웃에게 손 내밀기를 주저하지 않았다. 이들의 삶을 살펴봄으로써 20세기 한국 사회의 역사와 문화를 이해하는 길잡이가 마련되길 바란다. 그러면 비로소 성장과 개발의 압력에 치여 살던 소시민들이 느꼈던 마음의 소외와 영혼의 갈증을 빈틈없이 위로해준 이들이 누구였는지 알아챌 수 있을 것이다.

앞서 출간한 책『역사에 불꽃처럼 맞선 자들』은 격동하는 20세기 한국사의 현장에서 세상과 맞서 싸운 자들의 일대기를 다뤘다. 이번 책『역사에 별빛처럼 빛난 자들』은 세상의 가장자리에서 끊임없이 새로운 흐름과 분위기를 만들어낸 반짝이는 자들이 어려운 여건 속에서도 자신의 이름을 우뚝 세운 이야기다. 지난 책이 한국사에 숨겨진 인물들의 남모를 행적에 주목했다면, 이번 책은 누구나 얼핏 알고 있지만 제대로 알지 못하고 있던 사람들에 대한 '다시보기'에 해당할 터다.

제목에서 드러나듯 두 책은 서로 긴밀하게 연결되어 있다. 내용은 다르지만 동일한 구성과 일관된 형식을 취해 '20세기 한국사 인물 시리즈'로서 연속성을 확보하려 했다. 그런 의미에서 이 책 『역사에 별빛처럼 빛난 자들』은 『역사에 불꽃처럼 맞선 자들』의 후편이기도 한 셈이다.

하지만 이 책이 단순히 1권에 이어 나온 2권으로서의 소박한 지위로만 그치길 바라지 않는다. 이 책은 1권에서 서술한 인물들과 분별되는 명확한 기준과 새로운 시각을 반영해 선정한 매력적인 인물들을 다루고 있는 독자적인 별권이기도 하다.

두 책 모두 2020년부터 2021년까지 코로나가 기승을 부리던 시기에 일상에 영감을 더하는 지식 채널 '아홉시'에 매주 연재했던 글을 분류하고 새로 고쳐 묶은 것이다. 세계적으로 전염병이 유행하던 팬데믹 상황에서 집에 있는 시간이 많아지다 보니, 다양한 인물들에 대한 자료를 좀 더 세심하게 들여다볼 수 있었다.

온라인 매체에 연재하며 애독자를 얻고 그 결과 출판으로까지 이어질 수 있었다. 사람들과 멀어지다 보니 사람들과 가까워지는 법을 새로 배우게 된 셈이다. 즉 이 책은 코로나 유행이 가져온 역

8

설과도 같은 상황이 만들어낸 결과물이나 마찬가지다.

첫 책을 냈을 때, 자신의 일처럼 기뻐하던 가족과 친구 들의 얼굴이 생생히 기억난다. 격려해준 선생님들과 축하를 전해준 동료들에게도 고마운 마음은 매한가지다. 그리고 책을 읽고 날카로운 서평과 정성스러운 후기를 남겨준 이름 모를 독자들에게도 어떻게 감사를 전해야 할지 모르겠다. 소중한 독자들을 생각하면 좀 더 성실하게 좋은 글을 써야겠다는 생각이 든다.

원고에 한결같이 관심과 애정을 보내준 김형욱 편집자께 특별히 고마운 마음이 크다. 성긴 원고가 한 권의 책으로 만들어질 수 있게 된 건 온전히 그의 공로 덕분이다. 김형욱 편집자는 출간을 준비하는 나에게 든든한 조력자이지만, 나 역시 그가 매체에 연재하는 글의 열렬한 독자이기도 하다. 그도 나와 같이 매주 글을 쓰고 연재를 하는 작가라는 사실을 알게 되면서 묘한 동지애가 생기기도 했다. 책을 준비하는 동안 명민하고 따뜻한 그의 글을 보고 깊이 배울 수 있어 큰 도움이 되었다.

다시 한번 말하지만, 이 책에 등장하는 인물들은 한낮의 뜨거운 태양이라기보다 은은하게 자신을 드러낸 밤하늘의 별빛이다. 그러니 이 책이 유명한 인물들의 위인전이라기보다 다정하고 친근한 이웃의 삶을 기록한 수기로 읽혔으면 좋겠다. 역사란 결국 나를 포함한 우리의 소소한 삶을 세밀하게 기록한 이야기이기 때문이다.

차례

· 1부 ·
스스로 빛난 찬란한 별들

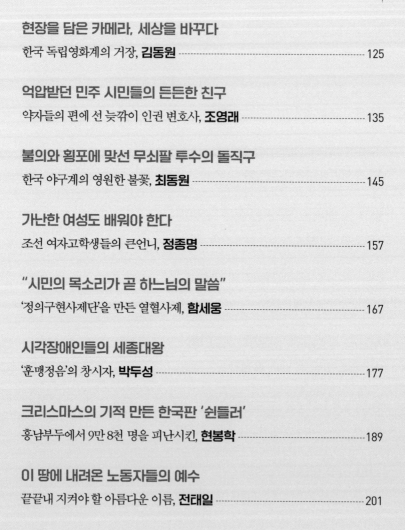

· 2부 ·
약자들의 편에 선 친구들

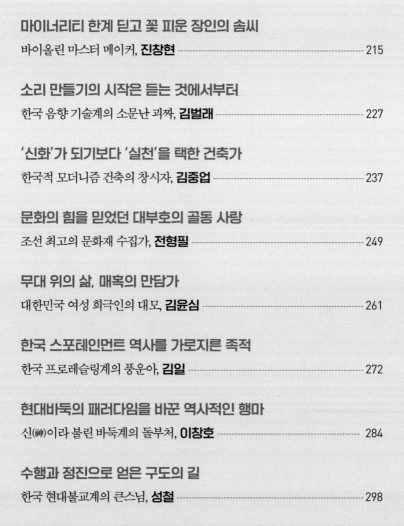

· 3부 ·
시련을 견뎌낸 존재들

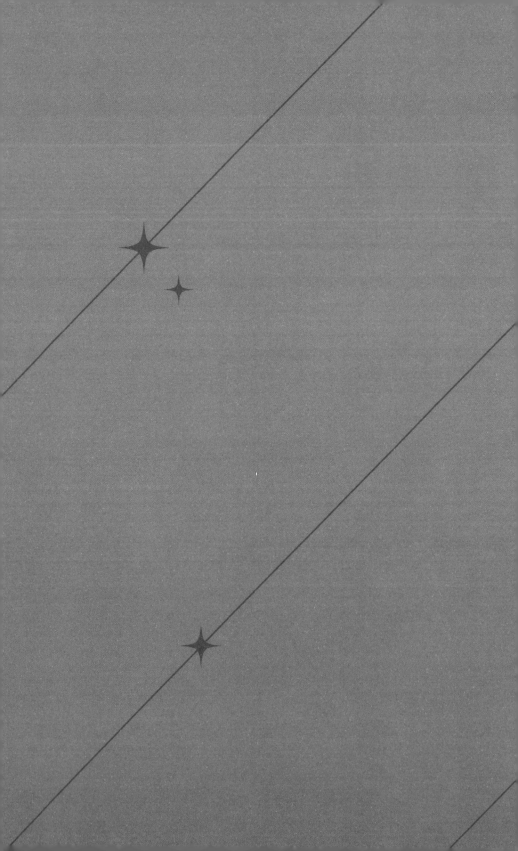

1부

스스로 빛난
찬란한 별들

나는
아름다운 춤이다

세계 최고·조선 제일의 무용수,
최승희(崔承喜, 1911~1969)

⊗ 아름다움으로 세상을 멸시하다

최승희를 본 사람은 한동안 그녀에게서 헤어나질 못했다. "미의 극
치가 주는 쇼크"(차범석), "완전히 끌려 들어갈 수밖에 없는 에로틱한
자태"(미시마 유키오). 그녀에 대한 조선 극작가와 일본 사상가의 평
가는 그녀가 범상치 않은 존재임을 드러낸다.

　한데 당시 최승희를 둘러싼 경탄과 찬미의 말 잔치를 보면, 이
같은 수식어는 도리어 평범한 축에 속한다. 그녀의 공연을 보고 온
사람들이 현대무용을 경험한 충격과 그녀의 아름다움을 찬양하는
헌사를 신문사와 잡지사에 물밀듯 보냈다.

조선 최초의 월드스타 최승희,
미국과 일본을 비롯해 국외에서도
많은 공연을 펼쳤다

그녀의 춤과 공연은 "빠져나올 수 없는 영혼의 도적질" "훌쩍 심취해 정신을 차릴 수 없는 무대"로 묘사되곤 했다.

조선과 일본은 물론, 중국과 대만에서까지 최승희의 명성과 인기는 하늘 높은 줄 몰랐다. 자존심 센 중국 무용가들도 최승희에겐 한 수 접고 춤을 배웠다. 예술 방면의 대가연(大家然)하던 일본과 중국의 비평가들도 그녀의 춤에 매료되었다.

예술의 본고장 유럽 그리고 할리우드와 브로드웨이에서 시대를 앞서가는 최첨단 공연을 대규모로 실행하고 있던 미국에서까지 그녀에 대한 관심은 대단했다. 어니스트 헤밍웨이, 장 콕토, 게리 쿠퍼, 찰리 채플린, 파블로 피카소, 로버트 테일러 등과 같은 당대 최고의 예술가들도 그녀의 공연을 보고 흠뻑 빠져들었다.

예술과 문화 방면에 있어 앞서간다는 자부심으로 가득 찼던 제국의 시민들에게도 식민지 조선의 무용수 최승희는 가장 세계적이고 또 시대를 앞선 감각을 보여주는 최고의 춤꾼이었다.

'극미(極美)'라는 일본식 한자어 표현을 통해서도 드러나듯, 최승희에 대한 당시 사람들의 찬사는 다소 탐미적이고 성애적인 측면이 있었다. 170cm가 넘는 큰 키와 쭉 뻗은 팔다리로 그동안 본 적 없는 신비로운 동작을 구현하고, 전례 없이 유연하고 부드러운 선을 만들어내는 최승희에게 대중은 속절없이 마음을 내줬다.

  누구보다 최승희 스스로가 자신의 몸이 구현할 수 있는 신체의 아름다움을 잘 이해하고 있었다. 그녀는 자신이 지닌 장점을 완벽하게 드러낼 수 있는 춤과 동작을 직접 만들어 현대적인 무용 공연으로 입안한 조선 최고의 무용 창작자이기도 했다.

  최승희에 대한 대중의 찬탄과 경배는 날이 갈수록 커갔고 최승희의 콧대 역시 높아졌다. 공연의 인기는 두말할 필요가 없을 정도였다. 입추의 여지가 없는 매진의 연속이었다. 할리우드와 도쿄에선 그녀를 주인공으로 하는 영화를 찍자는 제의가 왔다.

  전문 배우가 아니었으니 연기가 형편없을 수밖에 없었다. 그러나 그녀의 춤을 스크린에서 반복해 볼 수 있다는 이유만으로 최승희 주연의 영화 〈반도의 무희〉는 4년 동안 쉬지 않고 인기리에 상영되었다. 오로지 최승희의 인기에만 기댄 '롱런(Long Run)'이었다.

  이러니 최승희는 어느 자리에서나 최고의 대우와 천문학적인 개런티를 요구했고, 하늘 아래 무서울 것 없이 세상을 휘젓고 다녔다. 그러자 이내 제자들을 식모처럼 부린다는 말이 돌았고, 사치품이 아니면 입지도 먹지도 않는다는 소문이 퍼져나갔다.

⊗ 욕망의 감옥, 화려한 삶과 남루한 삶

최승희는 일제 강점기와 남북 분단의 질곡을 관통하며 화려한 삶과 남루한 삶을 교차해 살았다. 그녀는 가난한 환경을 극복하고 조선을 뛰어넘어 세계 최고의 무용수가 된 입지전적인 인물이기도 하다. 또한 최고의 무용 예술가로 평가받으며 지위가 수직상승한 '모던 여성'이자, 대중의 염증과 질시에 따라 늘 수직 하강의 위험을 품고 살아가야 하는 '가련한 여성'이기도 했다.

전성기엔 세계적인 아티스트로 대접받으며 남부럽지 않게 명성과 재물을 누렸지만, 북한에서 보낸 말년엔 김일성에게 밉보여 혹독한 시련과 가난의 시간을 겪기도 했다.

식민지 시기 말까지 조선과 일본 가리지 않고 무대에 섰기에 친일 협력의 혐의에서 자유롭지 못했다. 황군(皇軍)을 위문하는 공연에도 참여했고 무대 위에서 총력전을 독려하는 연설도 했다. 막대한 재산을 국방헌금으로 헌납하기도 했다.

전쟁 중인 국가에서 대중을 매혹하는 존재는 프로파간다의 효과적인 도구로 활용되기 십상이다. 해방 이후 남과 북이 그녀를 차지하고자 벌인 암투로 그녀는 늘 위험에 처할 수밖에 없었다.

최승희는 한국 근현대사에서 정치적으로 가장 예민한 표상이었으며, 대중의 욕망을 끊임없이 충족시켜야 하는 '시선'과 '응시'의 대상이기도 했다. '친일 반역자', '월북 예술가' 등 그녀의 삶에 유난히 정치적 덧칠이 많이 가해지는 까닭은 국가권력이 예술로 정치를

1934년 일본의 바닷가에서
촬영된 최승희의 춤 사진

전유하려는 욕망을 투사한 결과다.

최승희는 일평생 위태로운 삶을 살았다. 그녀의 거취는 늘 불안
했으며 안온한 삶과는 거리가 멀었다. 늘 대중의 관심 대상이었기
에 개인이 아닌 '피식민자의 삶을 대표하는 여성' 혹은 '조선 민중의
상징'처럼 여겨졌다. 더해 '탐욕적으로 소비되는 상품'이기도 했다.
'최초'와 '최고'라는 수식어를 부여받는 인간이 견뎌야 하는 왕관의
무게 이상으로 그녀의 삶은 온전히 그녀 자신의 것이 아닌 것처럼
보였다.

그녀는 온갖 욕망이 복합적으로 투사된 대상이었다. 춤에 대한
순수하고 열정적인 예술가의 욕망, 제국을 넘어서려는 식민지 조선
의 욕망, 그녀를 정치적 꼭두각시로 세우려는 일제의 욕망. 하지만
그녀는 수많은 겹으로 이뤄진 다층적이고도 거부할 수 없는 '욕망
의 감옥'에서도 늘 춤을 발전시켰고 한계를 넘어서려 노력했다.

⊗ 한국 현대무용의 발칙한 기원과 독보적 기여

최승희는 일본 최고의 무용 명인(名人) '이시이 바쿠' 문하에서 춤을 배웠다. 조선 전통춤에 대한 소양을 바탕으로 일본의 역사와 문화가 깃든 춤을 섭렵했으며 서양 현대무용까지 깊이 익혔다.

최승희가 이시이 바쿠에게 배운 지 몇 해가 지나자, 스승을 뛰어넘었다는 말이 나올 정도였다. 이시이 바쿠로서도 그녀처럼 빼어난 제자는 본 적 없었기에 최승희는 스승에게조차 두려운 대상이었다.

현대무용이 완숙한 경지에 이르자, 그녀는 스승의 만류와 제지를 뿌리치고 조선으로 건너가 '최승희무용연구소'를 설립하기에 이른다. 동아시아 최고 무용가의 명을 거스르고 실천한 과감한 독립이었다.

최승희는 이시이 바쿠 무용단의 가장 큰 보물이자 대들보였기에 최승희의 이탈은 스승에게 큰 타격을 줬다. 스승의 곁을 박차고 떠난 발칙한 제자였지만, 곧 누구도 함부로 할 수 없는 존재가 되었다.

더구나 남편 '안막(본명 안필승)'이 당시 조선 문화계에서 가장 큰 영향력을 행사했던 '조선프롤레타리아예술가동맹(KAPF)'의 주요 활동가이자 수완 좋은 문화 사업가였기에 그녀는 더욱 승승장구할 수 있었다.

안막 역시 젊은 시절 뛰어난 작가이자 비평가였지만, 최승희가 국내외를 가리지 않고 두각을 드러내기 시작하면서 본격적으로 그녀를 뒷바라지하며 매니저 역할을 자처했다. 최승희가 월북한 사정

일본에서 찍힌 최승희의
〈적구흔무〉 사진
(『1840~1945 일본사진사』 제공)

도 먼저 북으로 넘어가 있던 남편의 끊임없는 설득과 회유 때문이
었다는 의견이 많다.

이 시기에 최승희는 훗날 자신의 위상을 세계적으로 높인 〈초립
동(草笠童)〉, 〈옥적(玉笛)의 곡(曲)〉, 〈검무(劍舞)〉, 〈보살(菩薩)춤〉, 〈적
구흔무(赤丘欣舞)〉, 〈화랑(花郞)의 춤〉 등을 창작하고 초연했다. 이 춤
들은 한국무용을 세계화시킨 최초의 사례이자 전통무용과 현대무
용이 결합된 창조적인 성과였다.

최승희는 무대 위에서 파격적인 노출도 마다하지 않았고, 화려
하게 치장한 의상으로 자신의 아름다움을 한껏 드러내는 데도 주저
함이 없었다. 최승희의 도전과 성과는 실로 대단한 것이었다. 최승
희의 등장 이전까지 춤은 한낱 기생들의 기예와 잔재주 정도로만

취급되었기 때문이다.

최승희 이후 춤은 현대예술의 당당한 장르이자 초월적인 감동을 선사하는 무대 예술이 될 수 있었다. 그녀가 창작한 춤들은 현재까지도 한국을 대표하는 무용으로 끊임없이 반복 소환되고 있다.

한국 현대무용사에서 최승희의 입지가 어느 정도냐 하면, 그녀가 우리나라에서 흔적을 감춘 지 70년이 넘었건만 여전히 최승희와 어떤 인연이었느냐와 사사(師事) 내력이 있느냐가 정통성과 예술성을 드러낼 수 있는 유력한 근거로 작용할 정도이다.

최승희의 동서이자 그녀의 춤을 첫 번째로 전승한 것으로 알려진 '김백봉'이 한국 무용계에서 가장 큰 어른으로 대접받고 있는 게 대표적인 예다.

최승희의 동료 겸 제자이자 조교이기도 했으며 평소 그녀의 수발을 들었던 것으로 알려진 '김민자'도 한국 현대무용의 가장 큰 줄기로 인정받는다.

심지어 곱사춤(속칭 '병신춤')의 1인자 '공옥진' 역시 허드렛일을 고생스럽게 참아가며 최승희의 춤을 어깨너머로 배운 이력이 있다고 한다.

이런 면모는 북한에서도 마찬가지인데, 최승희와 안막 사이에서 태어난 딸 '안성희'를 북한 최고의 인민무용수이자 최승희 춤의 유일한 계승자로 떠받들고 있을 정도이다.

이렇듯 최승희와 한 자락 끈이 닿아 있다는 것만으로도 한국 무용계에서 큰소리를 낼 수 있다.

'월북'과 '숙청'이라는 주홍글씨조차 남북한 모두에서 최승희의 영향력이 승계되는 걸 가로막지 못했다. 다른 월북 예술가의 가족과 제자 들이 함부로 관계를 드러내지 못하거나 흔적을 지워내려 애썼던 사례들을 떠올려보면, 최승희의 경우가 남다르다는 걸 알수 있다.

⊗ 한국 근현대사의 가장 '곡진한 판타지'

최승희는 식민지 조선인의 정체성과 일본 제국의 시민권 사이에서 갈등했다. 해방 이후엔 남한과 북한의 체제 경합 속에서 끊임없이 긴장하는 삶을 살아야 하는 처지이기도 했다.

최승희가 남긴 무용 업적을 비하하는 사람들은 거의 없지만, 그녀의 '친일', '월북', '사치', '가혹한 지도법' 등은 구설에 오르는 일이 잦았다.

실제로 그녀는 완벽한 춤을 위해선 어떤 것도 양보하지 않는 '이기적인 아티스트'였으며, 아름다움을 표현하기 위해서라면 무엇과도 타협하지 않는 '에고이스트(egoist)'이기도 했다. 이런 면모들 때문에 그녀는 '미의 극치'라며 찬양받았으나 치장이나 꾸밈이 과한 '사치하는 여자'로 격하되기도 했다.

제자들은 또 어찌나 혹독하게 수련시켰는지 기대에 조금만 어긋나면 다짜고짜 내쳤다. 그녀에게 춤을 배우는 건 인내와 순종뿐 아

| 최승희무용연구소에서 학생들을 가르치고 있는 최승희

니라 천부적인 재능까지 요구하는 일이었다.

　아름다움을 드러내는 직업을 가진 이에게 더 아름다워지려고 했다는 이유로 비난하는 건 부당한 처사다. 예술성의 문제를 체제와 이념의 잣대로 재단하려고 하는 경우는 더욱 몰상식하다. 매서운 가르침 역시 어렵게 높여놓은 예술적 기준이 손상되지 않길 바라는 완벽주의자의 타고난 성정에서 비롯되었다고 볼 수도 있다.

　최승희는 세계를 가리지 않고 춤을 췄고 자신의 춤을 존중해주는 체제를 선택했다. 최승희에겐 춤추는 자기 자신의 몸이야말로 유일한 조국이었다. 그녀는 아름다움을 이해하지 못하는 권력은 아무것도 이루지 못할 거라고 생각했다.

최승희는 공(功)도 과(過)도 넘치도록 많은 인물이다. 대중이 따라잡을 수 없는 덕성과 절대적인 윤리 감각을 가지고 있는 역사 속 인물은 가까이하기 어렵다. 또한 날것으로 드러나는 굴종과 협력의 태도 역시 우리를 불편하게 한다.

조선과 일본 사이에서 또 남한과 북한 사이에서 낙차 큰 삶의 궤적을 보여준 위태로운 예술가의 삶은, 그녀야말로 진정 '근대의 여성'이었다는 점을 다시 한번 확인시킨다.

최승희는 자신이 지닌 재능과 대중이 자신에게 투영하는 기대를 슬기롭게 배분하고 조절할 줄 아는 현명한 예술가였다. 또한 춤을 향한 욕망만은 양보 없이 견실하게 지켜내기 위해 사력을 다한 외골수이기도 했다.

그녀는 대중의 '판타지 스타'이기도 했지만, 공교롭게도 한국 현대사의 길목을 통과하며 끊임없이 부침을 겪은 '곡진한 인물'이기도 했다. 각자가 생각하는 최승희의 이미지가 저마다 다를 수밖에 없는 이유다.

최승희의 삶과 춤은 우리 현대사에서 찾아볼 수 있는 가장 '곡진한 판타지'였다고 말하는 편이 지금으로선 가장 타당해 보인다.

스스로 선택한 사랑,
끝까지 책임을 다한 행보

세상 밖으로 자유롭게 날아간 신여성,
김향안(金鄕岸, 1916~2004)

사랑의 열병을 앓는 이보다 더 무모한 존재가 있을까.
앞뒤 잴 것 없이 상대에게 달려드는 통에 불같은 사랑에 빠진 그들
을 '차안대(遮眼帶)를 한 경주마'에 비유하곤 한다. 옆을 보지 못하고
앞만 보고 달리기 위해 눈가리개를 채운 말처럼 오로지 사랑만을
향해 돌진하는 그들.

그래서 젊었을 때 사랑은 마음이 달뜨는 황홀경이요 헤살을 놓
을수록 더 애틋해지는 드라마다. 인생의 단맛과 쓴맛을 다 본 사람
에게 사랑에 빠진 철딱서니들은 무람없고 안쓰럽게 보일 터다.

성숙한 어른이 되면 사랑에 빠져 허우적대던 그 시절을 '철없던

한때'로 퉁치곤 한다. 하지만 누군가에겐 한때의 맹목적 사랑이 평생의 시간을 지탱하는 꺼지지 않는 불꽃 같은 힘으로 작용하는 경우도 있다.

물론 그 사랑이 남다르게 처연한 생의 연대기를 써 내려가는 출발점이 된 가련한 인생도 있다. 이들에겐 "죽을 만큼 사랑했다"와 "너와 함께라면 죽어도 좋아"라는 말이 그저 비유가 아닌 진짜 죽고 사는 문제로 비화된 경우도 있었으니 말이다.

1930년대엔 하루가 멀다 하고 신문지상에 젊은 남녀의 정사(情死) 소식이 소개되었다. 청춘남녀의 '죽음을 각오한 사랑'은 누구나 훔쳐보고 싶고 또 한편으론 애달픈 정조를 불러일으키는 흥미로운 관찰 대상이던 모양이다.

⊗ 천재 이상과의 절절한 러브 스토리

젊은 천재들 간의 사랑 이야기는 많고 많은 연애담 중에서도 가장 인기 많은 콘텐츠였다.

천재 시인 '이상'과 이화여전 영문과 출신 신여성 '변동림'의 사랑과 결혼은 그저 한 편의 영화와 같았다. 당시로선 존재 자체가 반짝이는 사람들이었으니, 그들이 써 내려간 사랑의 서사에 사람들은 기꺼이 관심을 내보였다.

당대 최고의 모더니스트 이상은 절친한 친구인 화가 '구본웅'이 소개한 변동림에게 첫눈에 빠져든다. 변동림은 흔히 알려져 있는 것처럼 구본웅의 여동생이 아니라 이모다. 변동림은 구본웅 새어머니의 나이 어린 이복동생이었다.

이상은 당시 결핵을 앓고 있었다. 그렇지만 영민하고 아리따운 변동림을 보고 사랑에 빠지지 않을 도리가 없었다. "우리 같이 죽을까? 아니면 먼 데 갈까?"라며 고백한 이상을 변동림은 외면하지 않았다.

곧 죽을지도 모를 사람이자 여성 편력이 심했던 이상과 결혼한다는 그녀를 주위에서 극구 뜯어말렸음은 물론이다. 하지만 그녀는 "폐병이면 어때, 좋은 사람이라면" 하고 생각하며 이상의 청혼에 선뜻 응했다고 한다. 이 전설과도 같은 사랑 고백은 이상이 죽기 전 겨우 3개월 전에 있었던 일이다.

이상과 함께 일본으로 떠난 변동림은 천재 시인의 마지막을 지켰다. 이상이 일본에 입국하자마자 '불령선인(不逞鮮人)'으로 체포되어 감옥살이를 할 때도 곁을 지켜준 이는 변동림이었다.

병세가 완연해 수감 34일 만에 출감한 이상이 얼마 안 되어 병원에서 죽기 직전 그 유명한 '센비키야의 멜론'이 먹고 싶다고 했을 때, 과일을 사다줘 향기를 맡게 한 이도 그녀였다.

이 사연이 변형되어 이상이 죽기 직전 "레몬 향기를 맡고 싶소"라는 유언을 남겼다고 알려져 있다. '멜론'이 '레몬'으로 바뀌고 과일 한 조각도 먹지 못할 정도로 몸이 약해져 향기밖에 맡을 수 없었던 것이다.

| 김향안과 김환기의 결혼식 장면

천재 시인 이상의 '마지막 여인'이라는 수식어는 원하든 원치 않든 평생 그녀를 따라다녔다. 하지만 그녀의 자유롭고 주체적인 삶은 이상과 사별한 후 시작되었다고 봐도 무방하다.

변동림은 몇 해 지나지 않아 평생의 반려자 '김환기'를 만나 곧 '김향안'으로 변신하기 때문이다.

수화 김환기는 이상 못지않게 유명한 한국 화단 최고의 모더니스트이자 천재 추상화가로 불리는 예술가다. 그러나 전처와의 사이에 아이 셋을 두고 있던 김환기와 다시 결혼하는 게 쉬운 일은 아니었다.

먼저 부모의 반대가 극심했다. '폐병쟁이 시인'과 좋지 않게 끝난 딸의 경험을 기억하는 부모로서 '붓쟁이 백수'에게 재취자리로 보내고 싶지 않은 건 당연한 심사였을 테다.

하지만 그녀는 부모의 반대를 무릅쓰고 김환기와의 결혼을 강행한다. 이때 둘이서 치른 서양식 혼례는 많은 사람에게 큰 충격과 감동을 줄 정도로 신선하고 멋진 것이기도 했다. 김향안이 하얀 드레스 차림을 하고 나온 결혼식은 당시로서 파격 그 자체였다.

혼인을 반대한 부모와 연을 끊고자 그녀는 이름을 '김향안'으로 바꾼다. 서양의 풍습을 따른 것인지 어떤지 알 수 없지만, 김환기의 성을 따오고 이름은 김환기의 아명을 가져다 썼다.

김향안의 결혼과 개명은 여성의 사랑마저 봉건적으로 통제하려는 전통 질서에 대한 저항이었고, 사랑을 위해 어떤 장애물이라도 뛰어넘겠다는 주체적인 의지의 발현이었다. 단호한 결심과 폭풍과도 같았던 실천을 통해 '변동림'은 '김향안'이 되었다.

⊗ 김환기에게 평생 영감을 불어넣다

그녀는 평생을 김환기의 아내 김향안으로 살았다. 그렇다고 그녀의 삶 전체를 김환기의 아내 역할로만 한정하는 건 지극히 부당한 일이다.

그녀는 김환기 못지않은 그림 실력을 보여준 독자적인 '화가'이자 김환기의 가능성을 가장 먼저 알아본 안목 높은 '미술비평가'이기도 했다. 또한 한국 문학계에서도 상당한 수준으로 인정받는 당대의 '문사'이기도 하다.

그러나 그녀를 돋보이게 만든 건 단순히 그녀가 보여준 예술적 성취 때문만은 아니었다. 그녀는 그 누구보다 대범하고 흉내 내기 어려운 자유롭고 분방한 행동들을 실천에 옮긴 신여성의 대표 주자였다. 사람들은 거친 길을 앞서가고 시련에도 주저앉지 않는 그녀에게 신선한 매력을 느꼈다.

그녀는 항상 남편 김환기보다 용기 있게 현실을 박차고 먼저 나섰다. 이를테면 1955년은 한국전쟁이 끝나고 몇 해 지나지도 않은 시기라 비행기 편도 마땅히 없을 때였지만 프랑스 파리의 소르본대학교로 유학을 떠났다. 김환기에겐 자기가 먼저 나가 자리를 잡고 있을 테니 곧 따라오라고 씩씩하게 말하고 난 뒤였다.

그렇다고 그녀가 유학을 갈 정도로 풍족하고 여유로운 형편이었던 건 아니다. 그녀가 파리에 정착하고자 고군분투한 이야기는 고달프다 못해 신산하기까지 하다. 빵과 채소를 사기 위해 시장에 나가 애써 그린 그림을 팔아야 했고, 화구와 물감을 사기 위해 굶기를 밥 먹듯 했다. 그렇게 겨우 파리의 작은 동네에 방 하나를 얻어 살며 1년 뒤에야 김환기를 부를 수 있었다.

그녀는 파리와 뉴욕 등지에서 김환기가 그림에만 집중할 수 있도록 오롯이 혼자 생계를 책임졌다. 김환기가 커피를 마시며 사색에 잠겨 있을 때, 그녀는 뭘 더 팔아야 굶지 않을 수 있을지 걱정해야 했다.

동양의 낯선 나라에서 온 체구 작은 여성이 서양 예술계의 주류 질서에 도전하는 모습은 사람들에게 깊은 인상을 심어줬다. 그렇게 강인하게 성장한 김향안에 비하면 김환기는 어린애나 다름없었다. 그녀의 돌봄과 지원 없인 아무것도 할 수 없는 정도였다.

많은 전문가가 말하길, 유럽과 미국에서 김환기가 높은 평가를 받을 수 있었던 건 온전히 김향안 덕분이라고 한다. 그녀는 현지어

를 능숙하게 구사하며 화랑과 평
단과 언론계를 누볐다.

처음엔 크게 주목받지 못했던
김환기가 점차 사람들의 눈에 띄
고 또 사랑받게 된 연유는 그녀
의 노력에 힘입은 바가 크다.

서양 사람들에게 김환기의 그
림을 보여주고 작품이 품은 가능
성에 대해 끊임없이 설득한 사람
도 그녀였다.

김향안과 김환기가
1957년 파리의 거리를 걷고 있다

김환기가 점묘(點描)를 통해 무한한 우주를 표현하는 추상(抽象)
의 대가가 될 수 있었던 것도 김향안의 공이었다.

그녀는 그가 지닌 고유한 화풍과 개성이 세계적 보편성을 획득
할 수 있도록 끊임없이 조력했다. 그의 열정과 예술성이 폭발할 수
있도록 곁에서 영감을 불어 넣었다.

김환기의 그림이 세계 어디에 내놔도 통할 수 있다는 확신을 가
진 것도 김향안이 먼저였다. 그녀는 그에게 국외로 나가 세계 일류
들과 겨뤄보라고 용기를 북돋았다. 실제로 김환기는 김향안이 죽기
전까지 그녀에게 전적으로 의지했다.

평생을 외국에서 살며 작품 활동을 했기에 서로 떨어져 있는 시
간이 많았는데, 그럴 때마다 김환기는 일주일이 멀다 하고 정성스

34

럽게 그린 그림 위에 엽서와 편지를 써서 김향안에게 보내곤 했다.

김향안은 때로 절절하고 때로 장난기 있는 그의 편지들을 차곡 차곡 모아놓았다. 편지를 받을 때마다 내내 흐뭇하고 뿌듯했으나, 시시하고 유치한 문구와 시답잖은 그림에 대해서만은 "평범하지 말라"며 나무라기도 했다. 그녀가 그에게 바란 건 오직 '비범'과 '창의' 두 가지밖에 없었다.

⊗ "이렇게 나는 외롭고 아프다"

김향안은 1950년대 예술의 본고장 파리에서 활동한 뒤 1960년대 세계의 수도 뉴욕으로 거처를 옮긴다. 그녀와 김환기는 죽기 전까지 뉴욕 생활을 이어간다. 단둘이 낡고 허름한 아파트에서 평생을 살았다.

1974년 김환기가 세상을 떠나고 난 뒤에도 김향안은 남편의 숨결이 남아 있는 낡고 허름한 아파트에서 30년을 더 혼자 살았다. 김환기가 사망한 직후, 그녀는 모든 걸 잃은 듯 앞으로 혼자 살 일을 막막해하기도 했다.

하지만 김향안은 곧 마음을 추스르고 김환기의 생애를 정리하는 작업을 시작한다. 1978년엔 '환기재단'을 설립했다. 남편의 예술 업적을 한국 사회에 좀 더 적극적으로 소개하고 기념하고 싶은 까닭이었다.

1992년엔 서울시 종로구 부암동에 평생의 숙원이었던 '환기미

"피카소의 아비뇽 성당에서 오늘은 피카소의 전시뿐. 피카소가 태양을 가져간 것처럼 이 세상이 삭막해졌다더니 너는 그를 따라갔는가. 이렇게 나는 외롭고 아프다."(김향안의 1974년 11월 17일 일기)

"내가 죽는다고 해서 내 영혼이 사라지는 게 아니다. 내 영혼은 수화의 영혼하고 같이 미술관을 지킬 것이다. 내가 왜 이렇게 오래 살고 있는가? 수화의 영혼이 나를 지켜 주기 때문이다. 우리들의 소나무 두 그루가 미술관을 지키고 있기 때문에 여기서 부정한 일이 일어날 수 없다. 나는 이러한 신념으로 살아 왔고 빨리 나도 내 자리에 눕고 싶으나 좀 더 남은 사명 때문에 고역을 겪고 있다."(김향안, 『월하의 마음』 환기미술관, 2005)

술관'을 지을 수 있었다. 현재 환기미술관은 김환기의 유화 300여 점과 데생 500여 점을 소장한 세계 최고의 '김환기 콜렉션'이자 '아카이브'로 기능하고 있다.

그 사이 1989년엔 남편의 전기 『사람은 가고 예술은 남다』(우석출판사)를 직접 집필해 출판하기도 했다. 1995년엔 자신의 수필집 『카페와 참종이』(문예마당)를 출간하고, 2005년엔 그녀가 자신의 삶을 스스로 기록해온 에세이집 『월하(月下)의 마음』(환기미술관)을 내놓기도 했다.

이 책은 이상과의 인연에서 시작해 김환기와 평생 함께 살아오

『월하의 마음』 표지

면 겪었던 에피소드들과 평생 써온 일기, 주고받은 편지 등이 소개되어 있다.

특히 김환기에 대한 애틋한 마음과 그리움이 절절하게 담겨 있다. 뿐만 아니라 그녀의 자유롭고 발랄한 영혼과 예술을 향한 독창적 태도를 엿볼 수 있다.

한국 미술사와 예술사에 관심이 많은 독자에게 주목할 만한 텍스트이다.

그녀는 김환기가 세상을 떠난 지 30년이 지난 2004년, 남편과 함께 살았던 아파트에서 생을 마감했다. 남편 사별 후 그녀는 서른 해를 혼자 지냈지만, 단 한 번도 세상에 초라한 모습을 보여준 적이 없다. 그녀 덕택에 김환기의 이름은 한국 근대 미술사의 한 페이지에 더욱 뚜렷하게 각인되었다.

김환기를 세계 미술 시장에서 한국 화가로선 유례없는 가치를 인정받도록 만든 사람도 바로 그녀 김향안이었다. 지난 2019년 김환기의 점화 〈우주(Universe 5-IV-71 #200)〉가 홍콩 크리스티 경매에서 132억여 원에 낙찰되며 한국 미술작품 최고가 신기록을 세운 바 있다.

지금도 여전히 김향안은 누군가의 연인이자 어느 예술가의 조력자로 더 많이 호명된다. 하지만 그녀는 스스로 선택한 사랑을 위해 모든 걸 내던지고 자신이 행한 사랑에 끝까지 책임을 다하는 주체적인 신여성이었다.

1950~1960년대 상상조차 하지 못할 정도의 진취성과 개방성을 보여주며 남다른 예술적 행보를 거듭한 김향안은 많은 여성에게 자유를 향한 희망을 꿈꾸게 해주는 동경의 대상이었다. 그녀는 누가 뭐래도 스스로 찬란히 빛나는 별이었다.

용기 있는 자유주의자, 그러나 좀 고약한 예술가

20세기 한국 화단의 최고 스타,
천경자(千鏡子, 1924~2015)

⊗ '경자'가 된 '옥자'

"화가 천경자는/ 가까이 갈 수도 없고/ 멀리 갈 수도 없고/ 매일 만나다시피 했던 명동 시절이나/ 이십 년 넘게 만나지 못하는 지금이나/ 거리는 멀어지지도/ 가까워지지도 않았다// 대담한 의상 걸친/ 그를 바라보고 있노라면/ 허기도 탐욕도 아닌 원색을 느낀다.// 어딘지 나른해 뵈지만/ 분명하지 않을 때는 없었고/ 그의 언어를 시적이라 한다면/ 속된 표현 아찔하게 감각적이다.// 마음만큼 행동하는 그는/ 들쑥날쑥/ 매끄러운 사람들 속에서/ 세월의 찬바람은 더욱 매웠을 것이다.// 꿈은 화폭에 있고/ 시름은 담배에 있고/ 용기 있는 자유주의자/ 정직한 생애/ 그러나/ 그는 좀 고약한 예술가다." 「(박경리, 「천경자를 노래함」 1988)

알이 큰 선글라스와 붉은 루즈, 원색의 실크 블라우스를 입은 큰 키의 화려한 외모. 자신이 그린 그림만큼이나 드라마틱한 삶을 살았던 화가. 그녀는 어느 자리에서나 담배를 물고 전라도 사투리로 왁자한 달변을 늘어놓았다.

동년배 여성들이 검게 물들인 깡똥한 광목 치마를 입고 종종걸음으로 다니던 시절, 그녀는 화폭에 담아낼 그림의 영감을 얻고자 아프리카와 남아메리카를 비롯한 전 세계를 여행하기도 했다.

아름다움을 완성하기 위해서라면 어떤 짓도 서슴없이 저지를 것만 같은 한국 최고의 여성화가. 오랜 친구이자 작가인 '박경리'는 그런 '천경자'를 두고 "고약한 예술가"라고 일컬었다. 그녀의 성품과 기질에 대한 동료 예술가가 보내는 최고의 찬사였다.

천경자는 전남 고흥에서 태어났다. 그녀는 아주 어린 시절부터 그림 실력으로 두각을 나타냈다. 식민지 시기 광주공립보통여자학교를 다니던 중 '제22회 조선미술전람회'에 외할아버지를 그린 〈조부(祖父)〉를 출품해 입선한 이력이 있다. 열여덟 살에 그림을 배우고자 일본 도쿄로 훌쩍 유학을 떠나기도 했다. 이때 '옥자'라는 본명을 버리고 '경자'로 이름을 바꿨다.

해방 후 광주의 학교에서 미술교사로 잠시 근무하다 1954년부터 홍익대학교 미술대학 교수로 부임해 20년간 재직했다. 1955년엔 '대한미술원협회전'에서 최고 영예인 대통령상을 수상했다.

천경자의 수상 이력은 무수히 많지만 계량화된 실적만으로 그녀

| 작업실에서 천경자의 모습

의 예술 세계를 가늠하는 건 어쩐지 부당하다. 그녀는 보기 드물게 평단과 대중 양편으로부터 고루 좋은 평가를 받은 예술가다. 그녀는 사람들에게 미지의 세계를 향한 기대를 품게 하고 자유와 행복을 꿈꿀 수 있는 무한한 동기를 선사해준 화가였다.

⊗ 한국 화단 최고 스타 반열에 올라

그녀는 수십 마리의 뱀이 서로 엉켜 있는 모습을 그린 〈생태〉를 발표한 뒤 화단으로부터 큰 주목을 받았다. 뱀은 그때나 지금이나 사람들에게 알 수 없는 '공포'의 대상이자 '금기'의 상징이다. 여성 화가가 뱀을 한 마리도 아닌 수십 마리씩이나 우글거리는 모습으로 그렸다는 사실 자체가 사람들에게 큰 충격을 줬다.

〈생태〉를 발표한 때는 북(北)의 공세에 밀려 한국의 수도가 부산까지 밀려났던 한국전쟁 시기였다. 이 그림도 부산의 어느 화랑에서 발표되었다.

처음엔 호기심과 입소문으로 관심을 얻었지만, 사람들은 이내 그녀의 뱀 그림에서 어떻게든 다시 살아야 한다는 각성과 무엇이든 헤쳐나갈 수 있다는 용기를 발견한다.

그녀가 그린 뱀들은 음습한 곳에서 똬리를 틀고 숨어 있지 않는다. 길 한복판에서 수십 마리가 얽히고설켜 서로가 서로를 의지하며 지탱하고 있다.

징그러운 미물 형상이 주는 '긴장'보다 살아야겠다는 '열정'이 먼저 감지된다. 그녀가 그린 뱀들은 보는 이로 하여금 '두려움'으로 움츠러들게 하기보다 '생의 의지'를 북돋아주는 존재였다.

천경자는 살아생전 이미 너무 유명해 오히려 그림에 대한 평가에 손해를 많이 입은 화가다. 돌이켜 보더라도, 20세기 한국 화단에서 그녀 앞줄에 세울 만한 화가가 남녀 불문 몇 떠오르지 않는다.

그녀는 일평생 '뱀'과 '꽃'과 '여인'을 주로 그렸다. 워낙 오랜 기간 현역으로 활동한지라 초창기부터 말년에 이르기까지 화풍의 변화가 없는 건 아니지만, 일관되게 생명이 발산하는 원초적 에너지를 강렬하게 드러낸다는 공통점을 지니고 있다.

식민지, 해방, 전쟁, 산업화, 민주화라는 20세기 한국 현대사의 질곡을 헤쳐 나가며 더욱 응축된 내면의 성찰을 담아냈고, 예술 작품이 지닌 폭발적 사회화의 가능성도 동시에 보여줬다.

⊗ 암울한 소록도를 미학적으로 고발하다

그녀가 특히 많이 그린 여인 그림은 그녀의 고향 고흥과 가까운 소록도에서 한센병 환자를 헌신적으로 돌보던 간호사를 목격하고 상상으로 만들어낸 인물 '길례언니'거나 자화상이 대부분이다.

소록도에서 자신을 희생해가며 정성껏 환자를 돌보던 간호사는 천경자에게 '사랑'과 '헌신'이라는 가치를 깨치게 해준 존재였다.

하지만 그녀는 길례언니를 전형적인 '성녀'의 모습으로 그리지 않았다. 노란 원피스에 꽃으로 치장한 챙이 달린 모자를 쓴 채, 영롱하고 건강한 아름다움을 고혹적으로 발산하는 여인으로 묘사했다.

1970년대 한국은 '개발'과 '성장'만을 지상 과제로 삼는 발전주의 국가였다. 닦고 조이고 기름 치는 데 여념이 없던 시절 소위 '문둥병' 혹은 '나병'으로 격하되어 불렸던 한센인들은 세상 사람들의 눈에 띄면 안 되는 존재들이었다.

일제 강점기부터 소록도로 보내져 사회와 격리된 그들의 통제되고 억압된 삶은 해방 후 군사독재정권 시절에 이르기까지 수십 년 동안 변함없이 이어졌다.

천경자는 매일 밤이 그믐일 것만 같이 암울하고 처참한 소록도를 가장 미학적인 방법으로 증언하고 고발한 셈이다.

하지만 그녀의 방식은 정치
꾼이나 선동가처럼 드세지 않다.
활활 타오르는 횃불로 어둠을 몰
아내기보다 은은한 가스등으로
곁에서 비춰 밝히는 방식이다.

삶의 온기와 신비로움을 회복
하려는 그녀 나름의 예술적 처방
이었다.

| <길례언니>, 1973년작

천경자는 소록도의 '길례언
니'라는 가공의 인물을 창조해 인간성의 위대함을 가장 아름답게
전달하고 싶었던 셈이다. 이후 그녀는 한국 현대사의 변곡점을 맞
닥뜨릴 때마다 또 다른 모습의 길례언니를 소환했다.

〈길례언니〉 연작은 그림이라는 언어를 통해 한국 사회에 제출한
한 예술가의 전위적 응답이다.

⊗ '사랑'과 '욕망'에 충실했던 예술가의 삶

천경자는 글쓰기에도 재능이 있어 자서전을 비롯한 몇 권의 에세이
를 출간하기도 했다. 그녀의 문체는 거침없으면서도 수려했다. 평생
박경리, 박완서, 손소희, 한말숙 등 여류 문사들과 교류하며 친분을
쌓았다.

그녀가 1950~1980년대까지 집중적으로 활동하며 써낸 『내 슬

픈 전설의 49페이지』(문학사상사, 1978), 『사랑이 깊으면 외로움도 깊어라』(자유문학사, 1984)와 같은 책들은 그녀의 그림만큼이나 소중한 당대의 문화적 자산으로 남아 있다.

"나는 미완성의 작품, 미완성의 인생이라는 말을 즐겨 쓴다. 완성이라는 건 있을 수 없다고 생각하기도 하지만 실상 있다고 하더라도 그 완성에 큰 매력을 느낄 수 없다. 왜냐하면 거기에는 꿈이 없기 때문이다. 나는 꿈을 향하여 부지런히 그림을 그리며 현실을 거짓 없이 살았다. 꿈과 사랑을 추구하는 건 곧 행복을 추구하는 것이기에 나는 불행하지 않다."(천경자, 『행복의 이웃에 산다』 샘터사, 1989)

천경자는 예술가의 염결성으로 자신의 욕망을 옥죄지 않았다. 평생 '사랑'과 '행복'을 찾기 위해 언제든 국경을 넘고 사회 제도와 규칙마저도 뒤흔들었다.

일본 유학 후 귀국선 배표를 구하지 못해 발을 동동 구를 때, 티켓을 구해준 남자와 결혼까지 하게 된다. 어린 시절 집안끼리 정혼한 상대에게 시집 가기 싫다며 미친 사람 흉내까지 내면서 파혼한 뒤에 떠난 유학길이었다.

그러나 얼마 되지 않아 첫 남편과의 낭만적 사랑은 자식 둘을 남긴 채 사별로 끝난다. 그 뒤 광주 미술학교 교사 시절 건장하고 매력적인 한 남자를 만나 다시 사랑에 빠져 아이를 둘 낳았다.

하지만 불행하게도 그 남자는 기혼남이었고 얼마 지나지 않아

천경자

무책임하게 그녀를 훌쩍 떠나버렸다. 1950년대 유교 질서와 가부장적 관념이 강했던 시절, 그녀에게 쏟아진 손가락질과 윤리적 비난은 이루 말할 수 없을 정도였다.

그렇지만 그녀는 단 한 번도 세상의 부당한 처우를 원망하지 않고 "손해 보는 사랑도 어쩔 수 없다"라며 담담해했다. 여자 혼자의 몸으로 아버지가 다른 아이 넷을 키우면서도, 대학교수가 되었고 국전 심사위원을 맡았으며 세계 여러 나라를 순회하면서 그림을 그리고 전시를 여는 한국 최고의 여성 화가로 자리 잡았다.

천경자는 번뜩이는 자질에 노력과 성실이 뒷받침되었을 때 얼마나 큰 결실을 맺을 수 있는지 알게 해준 화가이기도 하다.

그녀는 노년이 되어서도 엎드려 무릎을 꿇고 몇 시간이고 그림을 그렸다고 한다. 한 번 그리기 시작하면 화장실 가는 것도 잊을 만큼 집중했다. 허리가 끊어질 듯한 고통을 겪어야만 그림을 완성할 수 있었다.

예술가 특유의 날카로움과 고고한 자존심 때문에 그림에 관해서만은 어느 무엇과도 타협하지 않는 것으로 유명했다.

단 하나의 예외는 피붙이 손주였다. 어느 날 며칠 동안 집중해가며 그린 완성 직전의 그림을 어린 손주가 망쳐놓았다. 아들의 장난에 며느리는 사색이 되었다. 시어머니가 불같이 화를 낼 줄 알았건만 천경자는 어린 손주의 마구잡이 붓질로 개칠된 자신의 그림을 보고 손주에게 "그림을 잘 그리는구나"라고 칭찬하곤 그 그림에 대해 더는 말이 없었다고 한다.

⊗ 1990년대 한국 화단 최대 이슈에 휘말리다

60대에도 왕성하게 작품 활동을 하던 천경자는 1991년 돌연 절필을 선언하고 미국으로 훌쩍 떠난 이력도 있다. 1990년대 한국 화단 최대 이슈였던 '〈미인도〉 위작 사건'에 휘말렸기 때문이다.

이 사건은 여전히 한국 미술계 최대 미스터리로 남아 있다. 군사독재정권 시대의 한 권력자(김재규)가 소장하고 있던 천경자의 그림이 국고로 환수되고 국립현대미술관이 소유권을 넘겨받은 뒤 이 그림의 카피본을 널리 보급하면서 사달이 불거졌다.

천경자는 〈미인도〉라고 불리는 그림을 자신이 그리지 않았다고 일관되게 주장했다. 자신이 그린 여러 대표작의 특징적 요소를 짜깁기해 만들어낸 위작에 불과하다는 것이었다. "자기가 낳은 자식을 못 알아보는 어머니가 있겠느냐?"라며 항변했지만, 검찰과 국립

현대미술관 측은 이 작품을 끝내 진품으로 감정했다.

생존 작가가 자신의 작품이 아니라고 주장하는 그림을 국가 기관이 진본으로 판정한 해괴한 사건이었다.

천경자는 정부와 언론으로부터 "자기 그림도 못 알아보는 노망난 치매 환자" 취급을 받기에 이르자, 다신 붓을 잡지 않겠다고 선언하며 미국으로 떠난다. 하지만 4개월 만에 다시 돌아와 "절필은 죽음과도 같다"라고 말하곤 다시 그림을 그리기 시작한다.

이후 천경자의 가족이 프랑스의 권위 있는 미술품 감정기관 '뤼미에르 테크놀로지'에 의뢰해 〈미인도〉가 진본이 아닌 것으로 판정받았지만, 여전히 법률적으로 〈미인도〉 위작 시비는 명확한 결론을 내리지 못하고 있다.

말년의 천경자는 첫째 딸이 살고 있던 뉴욕에서 생활하다가 생을 마감한다. 그녀의 죽음이 세상에 알려진 건 그녀가 사망하고 한참 지난 뒤였다. 자식들 사이에 어머니의 그림과 유산 상속 문제로 갈등이 있다는 사실이 드러난 것도 그때쯤이었다.

생존 당시에도 그녀의 작품은 고가로 거래되었다. 그런데 사후에 그녀가 남긴 작품들은 값이 더 올랐다. 천문학적인 가치를 지닌 어머니의 그림들이 자식들 간의 불화를 촉진한 셈이다.

작가가 죽음에 가까이 이르거나 사후에 작품 가격이 치솟는 시장의 생리를 모르는 바 아니나, 20세기 한국 화단을 폭풍처럼 지배한 천경자의 장례가 그런 연유로 은밀하게 치러졌다는 사실은 씁쓸

하다 못해 착잡하기까지 하다.

그녀의 유산과 〈미인도〉를 둘러싼 분쟁은 여전히 현재 진행형이다. 이런 세속적인 말썽에도 불구하고, 대중에게 천경자는 숲길 널돌을 들어 올렸을 때 도사리고 있는 한 마리 '뱀'이고 아름답게 피었다가 시드는 운명을 피하지 않는 '꽃'이기도 하며 영원한 신비를 간직한 태고의 '여인'이기도 하다.

주저 없이 자유롭고 망설임 없이 도전했던 삶 자체가 어쩌면 그녀가 남긴 가장 큰 예술적 유산이 아닐까 싶다.

사랑을 목발질하며 살아온 시인의 짧은 밤들

청춘의 몸살을 앓게 하는 시인,

기형도(奇亨度, 1960~1989)

나의 생은 미친 듯이 사랑을 찾아 헤매었으나 단 한 번도 스스로를 사랑하지 않았노라(기형도, 「질투는 나의 힘」『입속의 검은 잎』문학과지성사, 1989)

#1. "문을 열면 벌판에는 안개가 자욱했다"

안개는 무진만의 명산물이 아니다. 안양천 방죽의 안개도 못지않다. 소하리의 아침은 종종 안개가 자욱했다. 기형도는 집에서 2km 떨어진 시흥초등학교에 다녔다. 아침 등굣길 천변을 걷다가 기아자동차 공장이 보일 때쯤이면 어느새 안개가 그를 커튼처럼 감쌌다.

1960년대 무진의 안개가 김승옥으로 하여금 "해를, 바람을 간절히 바라게" 했다면, 1970년대 소하리의 안개는 기형도에게 "유리병 속에서 알약이 쏟아지듯 힘없이 쓰러진" 아버지와 "시집도 못 가고 죽은 누이"를 떠올리게 하는 "경멸할 만한 추억"의 배경이었다.

#2 "눈시울을 뜨겁게 하는 그 시절"

기형도의 유년 시절은 "열무 30단을 이고 시장에 간 엄마"를 기다리며 "찬밥처럼 방에 담겨 아무리 천천히 숙제"를 해도 오지 않는 어머니를 걱정해야 하는 시절이었다.

황해도에서 교사 생활을 하던 그의 아버지가 옹진군 연평도로 옮겨와 면사무소 공무원으로 일하던 때 그를 낳았다. 3남 4녀 중 막내였다. 아버지는 영종도 간척사업에 전 재산을 투자했지만, 일이 틀어져 공무원 자리에서도 물러나게 되었다. 연평도를 떠나 경기도 시흥군 소하리(현 광명시 소하동)로 이사 왔다.

시흥군 소하리 옛집,
지금은 남아 있지 않다
(현재 광명시 소하동)

엎친 데 덮친 격으로 아버지가 뇌졸중으로 쓰러진다. 이후 아버지는 늘 집안에 누워계셨다. 형과 누이 셋은 출가하고, 집안에 남아 있는 어린 넷은 쓰러진 아버지 곁에서 숙제와 청소를 하며 장사 나간 어머니를 기다려야 했다.

어려운 가정 형편에도 형제자매가 두루 명석해 집안 라면 박스에 상장이 가득했다. 보기 드문 특이한 성씨를 쓰는 데다 공부와 음악, 미술 가리지 않고 뛰어나 인근 마을에까지 기씨 집안 아이들을 모르는 사람이 없었다.

#3. "구름 밑을 천천히 쏘다니는 개"

기형도는 서울 삼청동 중앙고등학교에 다녔다. 시흥에서 104번 버스를 타고 가면 두 시간가량 걸렸다. 고등학교에 가서도 최우등 성적은 변함없었다. 문학에 관심이 많고 글쓰기를 좋아했지만 문학반에는 가입하지 않았다.

합창단에 들어가 노래를 불렀다. 노래 부르는 취미는 대학에서도 기자 생활을 하면서도 계속되었다. 그가 노래를 부르면 어느 자리에서든 사람들이 경청했다. 연세대학교에 다닐 때 '강산에'와 '안치환'의 노래를 들은 선배들이 "그렇게 지르지만 말고 기형도처럼 좀 울리는 맛이 있어야 노래지"라고 타박할 정도였다. 문학평론가 유종호는 "뒤풀이 장소에서 기형도의 노래를 듣는 맛에 〈중앙일보〉 신춘문예 심사를 봤다"라고 했다.

미술 실력도 뛰어나 대학 시절 초상화를 그려준 술집 여주인이 그림을 몹시 마음에 들어 해서 그를 각별하게 대접했다는 이야기도 있다. 친구들은 그런 그를 "대체불가능한 음유시인"이라고 불렀다.

#4. "나뭇잎조차 무기로 사용되었다"

연세대학교에 들어가 본격적으로 문학 창작 활동을 시작했다. 그는 정치외교학을 전공했다. '연세문학회'에서 한 달에 한 번 열리는 합평회는 각자 골방에서 쓴 작품을 동료들 앞에서 처음으로 발표하는 긴장된 시간이었다.

대개 칭찬하기보다 비판하는 데 골몰했다. 그는 동료들로부터 자신의 시가 현실의 사회 문제와 동떨어져 있고 유폐적인 경향이 있다는 지적을 받고 괴로워했다.

습작으로 써온 작품을 두고 서로에게 상처 주는 말을 얼마나 많이 했는지, 합평회 이후 한동안 학교에서 만나도 데면데면하고 아예 마주치지 않으려고 피하기까지 했다.

그런 그도 1980년 '서울의 봄' 시절엔 시위대의 맨 앞자리에 나서기도 했다. "목련철이 오면 친구들은 감옥과 군대로 흩어졌고 시를 쓰던 후배는 자신이 기관원이라고 털어놓던" 시절이었다.

#5. "짧은 여행의 기록"

기형도는 두통을 안고 살았다. 뇌졸중으로 쓰러진 아버지의 병력을 이어받은 까닭이다. 노래를 부르다가도 당구를 치다가도 머리가 아프다며 이마를 짚고 한참을 앉아 있어야 했다. 결국 그는 1989년 이른 봄 서울 종로 피카디리 극장에서 심야 영화를 보다가 사망한다. 급성뇌졸중이었다. 만 서른도 안 된 그의 죽음은 참혹했다.

신문사 문화부의 기품 있던 문학담당 기자이자 당대 최고의 문예지에 줄곧 시를 발표하던 청년 시인의 안타까운 죽음이었다. 그의 갑작스러운 죽음은 소설가 '성석제', 선배 문학기자 '김훈' 등에게도 크고 깊은 충격을 줬다. 그들은 지금까지도 이따금 기형도의 죽음에 대한 애통한 마음을 표하곤 한다.

#6. "좀 더 두꺼운 추억"

기형도가 생을 달리하자 대학 시절 친구들과 신문사 동료들이 힘을 합쳐 기형도를 기리는 유고시집을 만들기로 했다. 기형도는 완전히 외울 정도가 될 때까지 머릿속에 시를 익혀뒀다가 완성되고 난 뒤에야 노트에 단정한 글씨로 적거나 타자기로 쳐놓았다. 덕분에 유작 시를 모으는 건 어렵지 않았다.

더구나 그는 살아생전 곧 발표할 시집의 작품 배치와 순서까지 설계도로 그려뒀다.

정리벽이 있었던 그의 유품이 수습되자 시집은 수월하게 발표될 수 있었다. 그가 죽은 뒤 발표된 유고시집은 센세이션을 불러일으켰다.

청년 시인의 대명사 '윤동주'가 재

기형도 유고시집 『입속의 검은 잎』(문학과지성사, 1989)

림했다거나 1960년대 감수성의 혁명을 일으킨 소설가 '김승옥'이 쓴 시가 아니냐는 말이 나올 정도였다.

요절한 젊은 시인의 짧은 생애와 불안한 마음이 기록된 시집 한 권이 1990년대 독자들로 하여금 '청춘의 몸살'을 앓게 했다.

#7. "정거장에서의 충고"

기형도는 타고난 결벽과 섬세를 지닌 작가였다. 옷차림과 매무새에 신경을 많이 썼다. 유년 시절부터 병든 아버지가 집에 누워계셨기 때문에 환자 냄새가 옷에 배지 않도록 주의를 기울였다고 한다. 일곱이나 되는 형제자매가 있었고 어머니 혼자 생계를 꾸려야 하는 가난한 가정이었지만, 항상 말쑥하고 단정한 차림을 고집했다.

그의 노트 정리는 마치 출판 인쇄된 책을 보는 것처럼 말끔하고 정교했다. 시험 기간만 되면 그의 필기 노트를 빌리기 위해 대학 동기들은 몹시 분주했다고 한다.

그가 남긴 중고등학교 시절 노트와 대학교 전공 수업 노트는 현재 '기형도문학관'에 전시되어 있는데, 보는 이로 하여금 감탄을 자아내게 한다. 〈중앙일보〉 기자 시절에도 칼과 자를 들고 자신이 작성한 기사와 참고할 만한 자료 들을 스크랩하는 걸 즐겼다고 한다.

입사한 뒤 얼마 안 되어 〈동아일보〉 신춘문예에 시 「안개」로 당선되었다. 정치부 민완기자 시절엔 너무 바빠 시를 쓸 겨를이 없었다. 입사 전에 써둔 시를 정리해 〈문학사상〉 〈문학과사회〉 같은 문예지에 발표했다.

편집부 문학기자가 된 뒤부터 시를 쓸 수 있는 시간이 생겨 다행이라고 생각했다. 시를 다 쓰고 난 뒤엔 머릿속으로만 몇 달을 두고 고친 뒤 완성하면 타자기로 쳐 두는 걸 좋아했다. 타자기를 통과한 하얀 종이 위에 글씨가 단정하게 새겨지면 비로소 진짜 '시'다워 보인다며 기뻐했다.

그가 즐겨 사용했던 '클로버 타자기' 역시 문학관에 전시되어 있다. 그의 성벽(性癖)을 잘 알고 있던 친구들은 훗날 『기형도 전집』(문학과지성사, 1999)을 발간할 때, 그가 즐겨 사용하던 타자기 글씨체로 제목을 만들어 넣었다.

#8. "스스로를 사랑하지 않았노라"

기형도의 유고시집 『입 속의 검은 잎』의 제목을 지어주기도 한 비평가 '김현'은 그의 작품 세계를 "그로테스크 리얼리즘"이라고 칭한 바 있다.

시인의 심연에서 길어 올린 우울함을 바탕으로 한 어둡고 부정적인 자기인식과 세계를 대하는 비관적인 태도를 일컫는다. 기형도 시를 관통하는 정서는 '상실'이나 '죽음' 따위와 맞닿아 있다.

질병으로 반평생을 집안에 누워계셨던 아버지와 공장 인근 천변에서 같은 교회에 다니던 청년에게 성폭행당한 뒤 살해당한 누이는 그의 시가 담고 있는 음울한 정서의 원형질이었다.

| 시를 쓰고 있는 기형도

그의 시에서 줄곧 언급되는 '안개'와 '병속의 알약', '영하의 날씨', '경멸', '추위' 같은 시어들은 유년 시절 경험한 비극적인 사건들을 통해 만들어졌다. 그의 시를 지배하는 눅눅하고 축축한 분위기나 부질없다는 듯 생을 관조하는 시선도 마찬가지였다.

#9. "내 희망의 내용은 질투뿐이었구나"

기형도의 시는 왈칵 터져 나오는 울음이라기보다 끝내 참아낸 뒤 한 호흡 길게 내쉬는 한숨에 가깝다. 많은 젊은이가 시인 특유의 '달뜨지 않은 침착'과 '차분한 비관'을 통해 부박한 자신의 삶을 다시한번 정돈하게 된다. 시인은 독자의 감정을 직접적으로 격발하지 않지만, 독자는 곧 심장이 격동하는 경험을 한다.

그렇기에 기형도의 시는 시절을 막론하고 모든 청춘에게 뜨겁고 묵직하게 전해지는 '애달픈 위로'일 수 있었다. 그의 시가 풍기는

'환멸과 죽음의 정서'는 삶을 깊이 들여다볼 수 있는 '우물 속 어둠'의 경험을 선사한다.

그는 "외투를 벗고" "성냥을 긋고" "조치원행 기차"를 타는 것만으로도 마음의 빗장을 걸어 잠근 사람들을 무장해제하게 만든다. 그가 '가난한 언어'를 골라 만들어낸 완결성 높은 '조밀한 형식'의 시들은 아이러니하게도 세련된 현대적 감성을 불러일으켜 1990년대 독자들의 폐부(肺腑)를 예리하게 파고들었다.

#10. "길 위에서 중얼거리다"

'기형도'란 이름은 그가 떠난 지 30년이 지난 지금도 가장 강렬한 '청춘의 문학적 상징'으로 남아 있다. 그는 문학이 더 이상 필요 없다고 간주되는 시대까지 '왜 문학이 우리를 구원할 수 있는지'를 보여준다.

그의 시집은 '흔들리는 청춘'에게 내밀 수 있는 가슴 아픈 손길이자 깊은 공감의 한숨이기도 하다. 여전히 '기형도'라는 "검은 페이지"는 "오래된 서적"처럼 "곰팡이 피어나는 어둡고 축축한 세계"이자 "텅 빈 희망 속에서" "스스로의 희망을 예언할 수 없는" 우리 삶의 대변자이기도 하다.

그의 시를 읽고 청춘의 열병을 새삼 다시 앓게 되는 수많은 문학청년은 앞으로도 계속 등장할 것이다. 언제나 우리는 사랑을 목발질하며 또 기적처럼 살아가야 할 테니 말이다.

1970년대 한국 대중문화
최대치의 파격

한국의 영원한 마돈나,
김추자(金秋子, 1951~)

1971년 1월 27일 신민당의 김대중 총재 집에 불이
났다. 폭발물에 의한 방화였다. 유신정권 당시 김대중은 박정희 대
통령의 유력한 정치적 경쟁자였기 때문에 이 사건은 야당 지도자에
대한 '테러'로 의심받았다.

정국은 급격히 경색되었다. 임시국회 소집도 요구되었다. 사건이
'야당 탄압'과 '군사독재 폭거' 같은 정치적 쟁점으로 비화될 찰나, 한
소년이 범인으로 붙잡혔다.

검찰이 범인으로 지목한 소년은 다름 아닌 김대중 총재의 조카
였다. 검찰의 조서에 따르면, 화재 당시 폭발음을 두고 '김군'은 보

일러가 터진 거라고 주장했지만 실제로는 김군이 화약 놀이를 하다가 실수로 발생한 화재였다.

황당한 건 발화 직후 왜 급히 불을 끄지 않았는지에 대한 소년의 답변이었다. "TV에서 김추자가 노래를 부를 때였어요. 그거 보느라고..." 훗날 경찰의 강압적인 수사에 의한 거짓 자백인 게 밝혀졌지만, 1970년대 김추자가 어떤 가수였는지를 알게 해주는 웃지 못할 에피소드다.

⊗ 역사에 길이남을 만남, 김추자와 신중현

김추자를 과연 누구와 비교할 수 있을까. 1960~1970년대 한국 대중문화에 대한 흥미로운 분석이 담겨 있는 『쇼쇼쇼-김추자, 선데이서울 게다가 긴급조치』의 저자 이성욱은 김추자를 "한국의 마돈나"라고 칭한다.

이 책은 '김추자'와 '마돈나' 사이의 공통점과 차이점을 섬세하게 설명한다. 김추자와 마돈나는 당대의 뛰어난 여성 가수이자 공히 '섹스 어필'의 상징과도 같은 연예인이다.

한편, 이 둘은 남성중심주의가 판치는 사회에서 여성을 성적으로 소비하는 퇴행적 관습에 이의를 제기하고 바꾸고자 노력한 인물들이기도 하다.

다만 "마돈나는 자신의 캐릭터를 사회적 담론의 의제로 설정하고 논쟁거리를 생산해 내는 데까지 이르렀지만, 김추자는 담론화의 가능성을 보여주고 사회적 의제로 전환되려는 순간 행위를 중지한다."

당시 한국 사회의 구조적 한계 때문이었다. 하지만 "김추자는 특유의 음색, 제스처, 춤, 무대 매너 등을 통해 평준화-일반화-관습화되고 있던 한국 대중문화의 문법을 전복한 파열의 지점 그 자체였다."

『쇼쇼쇼-김추자, 선데이서울 게다가 긴급조치』(생각의나무, 2004)

김추자는 1970년대 한국 대중문화가 선뵐 수 있는 최대치의 파격이었다. 그녀의 노래는 청량하다 못해 가슴이 뻥 뚫리는 쾌감을 일으킬 정도로 '호쾌한 발성'과 '출중한 가창력'을 자랑한다. 스무 살에 당대 최고 작곡가 신중현을 제 발로 찾아가 단박에 가수 데뷔에 성공했을 정도로 타고난 끼가 대단했다.

신중현의 회고에 따르면, 김추자를 처음 봤을 때 너무나 놀라 흥분을 감추기 힘들었다고 한다. 하지만 겉으로 내색하지 않았다. 처음부터 치켜세우면 김추자가 겸손과 노력의 미덕을 갖지 못할 걸 염려했기 때문이었다.

하지만 김추자는 그런 신중현의 '어른스러운 기획'이나 '닳고 닳은 작전'에 아랑곳할 상대가 아니었다. 어떻게든 튀어 올라 세상에 곧 모습이 드러날 낭중지추(囊中之錐) 같은 존재였기 때문이다.

신중현 앞에서 그렇게 당돌하게 또 아쉬울 것 없다는 듯이 행동한 신인은 김추자가 처음이었다. 결국 김추자를 다시 찾은 쪽은 신중현이었고, 그렇게 작곡가와 가수로 인연을 맺게 되었다.

이후 신중현은 그녀를 위해 수십 곡의 노래를 만들었다. 〈님은 먼곳에〉, 〈미인〉, 〈거짓말이야〉, 〈커피 한 잔〉, 〈월남에서 돌아온 김상사〉 같은 곡들이다. 이 노래들은 한국 대중음악사에서 주옥같은 작품으로 손꼽히며, 훗날 후배 가수들에 의해 수없이 '리메이크'와 '리바이벌' 되었다.

김추자는 신중현이 지향하는 음악을 가장 이상적으로 표현하고 또 자기만의 색깔로 재창조하는 남다른 가수였다.

⊗ **"담배는 청자, 노래는 추자"**

김추자는 인기가 많았지만 말썽도 많았다. '고고한 자존심'과 '타고난 예술적 감각'을 동시에 지닌 전례 없는 대중스타였다. 오죽하면 "담배는 청자, 노래는 추자"라는 말이 유행할 정도였다.

하지만 그녀는 노래만 잘하는 가수가 아니라 당대의 지배적 문화 규율을 힘껏 들이받는 '전위적 아티스트'이기도 했다. 그녀는 일평생 한국 사회가 요구하는 관습이나 도덕률 따위에 얽매이지 않았다.

데뷔와 동시에 큰 인기를 얻었지만, 기성 제도권 언론은 늘 김추자의 전복적 무대와 파격적 언행에 딴죽을 걸었다. 교육계, 정치계와 종교계 등에서 김추자를 두고 "상스럽다"거나 "천박하다"라고 평가하는 목소리가 나왔다.

정상 궤도에서 이탈해 튀는 존재를 사회규범의 틀 안으로 기어코 끌어당기려는 보수적 기득권의 안간힘이었다.

대중가요를 부르는 가수 한 명을 둘러싸고 사회 전체가 나

1978년 김추자 러시아 리싸이틀 공연 당시 사진

서 논쟁을 벌이고 충돌하는 초유의 사태가 발생한 것이다.

'김추자'라는 아이콘은 '새로운 문화적 변화를 향한 의지'와 '보수적 문화 반동 세력'이 팽팽히 맞붙는 대결지점이었다. 비슷한 시기에 김추자와는 전혀 다른 이미지로 예쁘고 곱게 노래하는 '혜은이'도 큰 인기를 얻었던 걸 보면, 상대적으로 온건하고 안전한 느낌의 대중스타를 원하는 사회적 분위기도 존재했다는 사실을 알 수 있다.

'남진'과 '나훈아'의 경쟁이 '지역색'과 '정치색'이 투사된 방식의 전형적인 남성 패권 대결 구도로 진행되었다면, '김추자'와 '혜은이'의 경쟁은 한국 사회의 오랜 '도덕관념'과 당대의 '문화질서'가 '진

보'와 '보수' 어느 쪽으로 방향을 틀지에 대한 갈림길의 현장이었다.

김추자는 유신정권 시절 대중문화에 대한 검열과 억압의 실체를 보여주는 상징적인 존재다. '사회비판'을 근거로 때로는 '퇴폐'와 '미풍양속 저해'를 이유로 발표한 곡이 금지곡으로 지정되거나 출연 정지를 당하곤 했다. 또한 그녀는 독특하고 개성적인 캐릭터를 지닌 가수였기에 신문의 '연예면'뿐만 아니라 '사회면'에도 자주 등장했다.

1970년대 불과 10여 년간 활동했지만, 그 기간 그녀와 연관된 사건 사고의 양과 질은 타의 추종을 불허한다. 자잘한 스캔들은 언급할 필요도 없다. 은퇴 후 번복, 흉기 난자, 간첩 혐의, 대마초 흡입 구속 등등 굵직한 사건만 들어도 이 정도다.

당시에 활동했던 다른 여가수는 이 중 한 가지 스캔들만 불거져 나왔더라도 연예 활동을 포기했을지 모른다. 하지만 그녀는 이 많은 의혹과 사건 모두를 혼자 감당하고 또 이겨냈다.

⊗ 한국의 문화적 관습에 맞선 여성 가수

김추자는 자존심이 대단했다. 스스로 자신이 한국 최고라고 생각했다. 1971년 부산의 한 공연에서 '피날레 무대'를 차지하기 위해 양보하지 않다가, 선배 가수 김세레나와 머리끄덩이를 잡고 싸웠다는 이야기가 돌 정도였다.

하지만 훗날 이는 과장된 소문으로 드러났다. 당시 가장 인기 있던 자신이 공연의 대미를 장식하고 싶어 한 건 맞는데, 선배 가수 측에서 연차를 들먹이며 찍어 누르자 홧김에 자신의 화장품 가방을 걷어차고 공연장 밖으로 나간 게 전부였다고 한다. 하지만 이 일로 그녀는 한동안 무대에 서지 못했다.

1971년 2월 "스캔들과 계약 불이행, 온당치 못한 태도" 등을 이유로 '연예협회 가수분과위원회'의 자격정지 처분을 받기도 했다. 가수로서 활동을 정지당한 셈이니, 자존심을 세우려던 대가치곤 가혹했다.

김추자는 이때도 곧바로 숙이고 들어가지 않았다. 일방적인 처벌에 불복하며 한발 더 나아가 아예 은퇴를 선언해버린다. "전근대적 풍토 속의 연예계를 떠나겠어요." 최고의 인기를 누리던 젊은 여가수의 갑작스러운 돌발 행동은 그 자체로 큰 화제였다.

사실 그녀는 단순히 무대 순서를 두고 벌인 알력 다툼 때문에 연예계를 떠나려던 게 아니었다. 이전부터 연예계와 방송사에 자리 잡고 있던 구조적 모순에 답답해하던 차였다.

방송국 PD들의 횡포와 지방 공연장이나 극장에서의 서열에 따른 출연료 지급 관행에 반기를 든 것이다. 인기가 많은 김추자를 섭외하고자 방송국 쇼 프로그램 PD들이 일방적으로 출연을 확정하고 통보하니, 김추자는 몸이 열 개라도 출연을 감당할 수 없었다.

또 당시 방송국 출연료나 공연 개런티는 인기와 활약에 따라 책정되는 방식이 아니라 데뷔 년 차, 즉 연공서열에 따라 정해져 신인이었던 김추자는 턱없이 낮은 대우를 받았다. 그마저도 떼먹기 일쑤였다. 김추자는 이런 관행이 도무지 이해되지 않았고, 한국 연예계가 이런 '아사리판'이라면 그만두는 게 낫겠다고 생각했다.

⊗ "간첩과 섹스 심벌"

그로부터 3개월 뒤 김추자는 "내 갈 길은 계속 노래를 부르는 것"이라며 무대에 다시 설 결심을 밝히고 '컴백'했다. 그 이후에 나온 노래가 김추자 최고의 히트송 〈거짓말이야〉다. 이 노래는 한국 가요 역사에서 손꼽히는 파격적인 곡으로 아직도 그 명성이 대단하다.

노래를 부르며 춤을 현란하게 췄기 때문에 "김추자의 기묘한 율동은 북한 간첩에게 보내는 수신호"라는 뜬소문이 퍼지기도 했다. 냉전 시대 남과 북이 대치 중인 분단 국가에서 간첩 누명은 대중스타에게 치명타였다. 지금 생각하면 말도 안 되는 이야기였지만, 당시엔 그런 소문을 곧이곧대로 믿는 사람이 많았다.

그만큼 김추자의 무대는 기이했고 또 충격적이었다. 이전까진 큰 키와 볼륨감 넘치는 몸매를 지닌 여가수가 무대 위에서 리듬에 맞춰 자유롭게 춤을 추는 모습을 보기 어려웠기

| 김추자의 〈거짓말이야〉 앨범 재킷

때문이다.

김추자의 춤은 '율동'이라기보다 '활개'에 가까웠다. 그녀는 미리 짜놓은 안무를 반복하지 않았다. 현장에서 감정에 충실하게 즉흥적으로 몸을 움직였다. 자유롭게 또 제멋대로 춤추는 여가수는 한국에서 처음이었고, 이런 급진적 춤사위를 불온하게 바라보는 시선이 존재했다.

한국 사회에서 '불온성'을 억압하는 가장 손쉬운 방법은 '용공 혐의', 즉 간첩으로 누명을 씌우는 것이었다. 김추자의 간첩 혐의는 한바탕 소동에 불과했지만, 그녀는 한동안 TV 출연을 금지당하고 공연 무대에도 설 수 없었다.

김추자는 전위적인 노래와 춤뿐만 아니라 패션에 있어서도 남다른 개성을 발휘했다. 1970년대 당시 여성들 사이에 '핫팬츠' 붐을 일으킨 사람도 그녀였다. 그녀는 성적 매력이 넘치는 가수였다. 당대의 '섹스 심벌'로서 남성들의 흠모와 연정의 대상이었다.

그녀의 회고에 따르면 무대 뒤편 대기실로 늘 '조폭'이나 '건달'들이 찾아와 껄떡댔고, 재벌처럼 돈 많은 치들이 '하룻밤'을 요구하며 돈으로 유혹하는 경우도 많았다고 한다.

설상가상으로 그 무렵 그녀는 매니저로부터 갑작스럽게 청혼을 받기도 했다. 서로의 관계를 일로 만난 사이로만 생각했으니, 그녀로선 매니저의 구애가 당혹스러울 수밖에 없었다.

당연하게도 김추자는 청혼을 거절했다. 그러자 화가 난 매니저

'소윤석'이 소주병을 깨뜨려 김추자의 얼굴을 찔렀다. '난자(亂刺)'에 가까운 공격이었다. 다행히 목숨을 잃진 않았지만, 평생 사라지지 않는 깊은 흉터를 남길 정도로 심각한 부상을 입었다.

대단한 건 사건이 발생한 지 5일 만에 얼굴에 붕대를 감고 다시 무대에 올랐다는 사실이다. 매니저가 저지른 범죄도 충격적이었지만, 좌절하지 않고 자신의 잘못이 아니라는 사실을 강변하듯 그녀는 당당하게 다시 노래했다. 보통 강심장이 아니었다. 웬만한 가수 같으면 후유증으로 연예계를 떠나고도 남을 일이었다. 그녀에게 상해를 입힌 범인은 결국 징역형을 선고받고 복역했다.

여성 가수가 무대 위에서 자신의 몸을 과감하게 드러내며 자유롭게 춤추는 장면은 다양한 상상력과 수많은 가능성을 불러일으키는 예술적 포즈였으나, 당시 한국 사회의 남성들은 김추자를 그저 성적 대상으로만 한정해 소비하려 했다.

⊗ 대마초 사건으로 연예계 떠났다가 컴백했지만

1970년대 김추자는 신중현의 '음악적 페르소나'였다. 그가 모색한 한국적 '소울'과 '사이키델릭'의 대중적 완성은 그녀에 이르러 도달했다. 한 시대를 풍미했던 여성 보컬 김추자의 등장은 음악사적으로나 문화사적으로 '충격'과 '전환'을 의미하는 사건이기도 했다.

그러던 그녀는 가수로서의 전성기를 누리던 1975년 '대마초 흡연 혐의'로 구속되었다. 당시 많은 가수가 한꺼번에 붙잡혀 들어갔는데 신중현, 이장희, 윤형주 같은 유명 가수들도 있었다. 군사독재 시절 '연예인 대마초 사건'은 정권의 위기를 돌파하거나 정치 국면 전환 용도로 흔하게 사용되던 수법이다.

최고의 인기 연예인들이 수갑을 찬 채 경찰에 붙잡혀 가는 모습은 대중의 이목을 집중시켰다. 마약과 대마초가 연상시키는 여러 '가십'과 '수군거림'이 이곳저곳으로 퍼져나갈 때, 사람들은 '민주화'와 '독재 타도' 같은 말들을 잠시 미뤄뒀다.

김추자는 대마초 사건으로 커리어 전반기 화려한 5년을 끝마친다. 이전의 숱한 위기를 거리낌 없이 돌파했던 그녀로서도 이 일은 감당하기 어려운 시련이었다. 연예인의 일탈을 정재계의 음습한 곳으로까지 연결시켜 정치적 사건으로 비화하던 시기였기 때문이다.

대마초 파동이 가라앉은 뒤, 그녀는 다시 컴백해 5년간 활동을 이어간다. 전성기의 인기엔 미치지 못했으나, 이 시기에 그녀는 '대마초'와 '폭행' 등으로 피해를 입은 연예인들을 대변하고 문화계의 악습을 뿌리 뽑는 데 앞장섰다. 연예인이기에 더욱 심하게 받을 수밖에 없었던 모욕과 억압에 당당히 맞서 싸우는 모습을 보여줬다.

이후 1980년 새로운 한 세대가 시작되면서 김추자는 거짓말처럼 연예계를 떠나고 만다. 훗날 "연예계의 더러운 풍토와 관행에 진절머리가 났다"라고 고백한 바 있다.

그녀는 연예계를 떠나 결혼한 후 아이를 낳으며 엄마가 되었다. 그 후 세상에서 가장 애정을 쏟는 대상은 '음악'도 '춤'도 아닌 '딸'

이 되었다. 그녀의 딸은 한국에서 가장 공부 잘하는 학생들이 다니는 대학을 졸업하고 독일로 유학을 다녀왔다.

엄마 김추자는 딸과 대화하고 마주 보는 일이 가장 행복하다고 말한다. 엄마와 딸이야말로 가장 진한 우정과 사랑을 나눌 수 있는 사이다. 1970년대 획일화된 대중문화에 '균열'을 가하고 전례 없는 '모험'을 감행했던 김추자는 여전히 딸과 함께 인생을 힘차게 항해하는 중이다.

'화폐'가 없어도
'양호'한 삶을 살았다

자유를 외치던 한국 최초의 히피 가수,
한대수(韓大洙, 1948~)

⊗ 뉴욕과 서울을 오가는 자유로운 영혼

'뉴욕 퀸즈'와 '서울 신촌'을 오가며 살아가는 삶, 근사하고 화려해
보인다. 하지만 실상은 그렇지 않다. 맨해튼에서 버스로 한 시간이
나 떨어져 있지만 '투 베드룸 스튜디오'로 불리는 낡은 아파트는 월
세가 4,500달러나 한다. 젊은이들의 거리 신촌의 집 역시 고시원보
다 조금 나은 수준의 원룸이다.

　평생 돈 걱정은 안 하고 살 것만 같은 자유로운 영혼의 '한대수'
도 하루하루 월세 걱정과 딸아이 교육 문제로 골치가 아프다. 그래
도 그는 훌쩍 떠나 언제고 다시 돌아올 수 있는 '정신'과 '마음'을 지

니고 있기에 '화폐'가 없어도 '양호'할 수 있다.

한대수는 노인이 된 지금도 긴 머리를 풀어헤치고 청바지에 가
죽 재킷을 즐겨 입는다. 하지만 그의 외양은 상대에게 불편함이나
위압감을 주지 않는다. 전형적인 '로커'의 복색이지만 한대수만의
'아저씨 핏'으로 소화하기 때문이다.

그는 헐렁한 옷차림을 하고 서두를 필요 없다는 듯 천천히 주변
을 관찰하며 길을 걷는다. 거리에서 만난 젊은이들이 자신을 대하
는 무람없는 행동과 말투도 아무렇지 않아 하고, 새로 바뀐 가게 간
판도 흥미롭다는 듯이 한참을 들여다본다.

별것 아닌 것들에 관심을 보이는 그의 모습은 '한량'이나 '잉여'
로만 보인다. 한시 바쁘게 긴장하며 살아가는 사람들이 보기에 그
의 삶은 그저 한가하고 여유롭게 느껴진다.

그러나 백발이 성성하다 못해 수염마저 하얗게 세는 나이가 된
지금도 한대수는 새로운 노래를 만들고 실험적인 공연을 계속 시도
한다. 홍대 앞 지하실에서 젊고 가난한 밴드와 함께 연습하며 조그
만 클럽에서 밤새 하는 공연도 마다하지 않는다.

때론 '세종문화회관'이나 '예술의전당' 같은 커다란 무대에서
100명이나 되는 오케스트라 관현악단과 협연하는 '크로스 오버'도
감행한다. 평생 하루도 빼놓지 않고 기타를 잡고 노트와 악보에 가
사와 곡을 쓰는 삶을 지속하고 있다.

⊗ 최초의 히피 가수 & 싱어송라이터

한대수는 자유롭다. 한국 '최초의 히피 가수'로 불리는 그는 늘 호탕한 웃음으로 상대를 대한다. 너무 크게 웃어 과장의 혐의마저 있어 보이지만, 수십 년간 변함없이 쾌활한 그의 성격과 행동을 보면 낙천 가득한 표정에 거짓이 섞여 있을 리 없다.

그는 '유머'를 현대인이 갖춰야 할 가장 중요한 덕목으로 꼽는다. 웃음이야말로 세상을 아름답고 윤활하게 만드는 요소라고 말하고 다닌다. 평생을 웃으며 살고 싶단다. 죽은 뒤에 사람들이 좋아하는 앨범 몇 개 남기면 얼마나 행복하겠느냐며, 이외에 뭐가 더 필요하냐고 되묻는 진정한 아티스트다.

한대수는 한국 대중가요 역사상 '최초의 싱어송라이터'로도 불린다. 그는 노래를 통해 전하고 싶은 말이 있다면 자신이 직접 짓고 불러야 한다고 생각했다. 한대수에 이르러 비로소 한국에도 '기술

젊은이들이 오가는
신촌 거리에서 한대수

자로서의 가수'가 아니라 '창작자로서의 가수'가 등장했다.

물론 1960~1970년대 한국에서 인기를 얻었던 포크 가요가 서구의 원곡을 모방하거나 번안해 부른 건 당시 대중의 정서적 욕구와 문화적 기대를 반영한 결과였다. 포크 음악은 고도화되는 자본주의와 군사독재로 타락해 가는 세계에 대항하는 '서정적인 응수'에 가까웠다.

한대수는 여기서 한발 더 나아가 강한 '상징'과 날카로운 '은유'를 앞세워 지배 질서와 치열하게 맞부딪쳤다. 가령 한대수의 1집 앨범에 실려 있는 〈물 좀 주소〉와 〈행복의 나라로〉 같은 노래는 에두르는 법이 없다.

간주도 없이 대번에 "물 좀 주소, 목 마르요"라고 외치거나 "행복의 나라로 갑시다"라고 반복해 말하는 방식이다. '결핍'과 '부재'를 곧바로 지적하거나 '희망'과 '바람'을 직설적으로 드러내며 현실과 팽팽하게 대결한다. 한대수 특유의 터져 나오는 탁성과 폭발적인 사이키델릭 연주는 당시 독재정권 시대의 억압된 질서와 암담한 분위기를 전환시키는 데 탁월한 역능을 발휘했다.

⊗ 금지곡의 대명사, 〈물 좀 주소〉와 〈행복의 나라로〉

1968년 미국 뉴욕에서 건너온 한대수는 그때까지 한국에 없던 노래들을 내놓았다. 1974년 발표한 데뷔 앨범 〈멀고 먼 길〉은 재킷 사진부터가 파격적이다.

한대수의 1집
<멀고 먼 길> 앨범 재킷

　　원숭이 흉내를 내며 상대를 조롱하는 것 같기도 하고, 게슴츠레한 눈빛과 일그러뜨린 얼굴 표정으로 한껏 불만을 드러내는 듯도 보인다. 기분 나쁘다기보다 깜짝 놀라게 만드는 이미지다. 엄혹한 시대를 도리어 우스꽝스럽게 만들어버리는 전복적 상상력이 개입된 사진이었다.

　　훗날 그는 기괴한 1집 앨범 사진에 대해 의도적으로 지은 표정이라고 말했다. 세상을 향해 "엿 먹어"란 메시지를 전한 거라고 누차 밝힌 바 있다. 불의한 세상을 향해 날린 한대수다운 한바탕 욕설이었다.

　　자유를 갈망하던 청년들은 그의 음악을 듣고 반색하며 기뻐했다. 물론 반대편엔 한대수의 파격적인 음악에 불편함을 느끼며 마뜩잖아 하는 보수적인 집단과 세대도 있었다.

그의 등장이 못마땅했던 독재정권은 그의 창작 활동과 무대 활동에 제동을 걸었다. 그의 노래를 금지곡으로 지정하고 앨범을 전량 회수했을 뿐만 아니라 무대 활동도 제약했다.

그의 노래를 금지곡으로 지정한 사유는 황당하고 부당했다. 〈물 좀 주소〉는 "물 고문을 연상시킨다"라는 이유, 〈행복의 나라로〉는 "'행복의 나라'가 '북한'을 암시하고 있는 것 같다"라는 이유였다. 가수는 그저 '자유'와 '행복'을 말하고 있는데, 정권은 도둑이 제 발 저린 심정으로 검열의 칼을 함부로 휘둘렀다.

1960~1970년대 금지곡 지정의 이유를 살펴보면 당시 독재정권이 대중가요계를 얼마나 강력하게 통제했는지 잘 알 수 있다. 방송 금지 조치와 앨범 발매 금지, 회수 조치를 통해 조금이라도 불온하거나 저항의 기색이 있는 가요는 싹을 잘라버렸다.

이러한 조치들은 가장 악명 높은 문화정책으로 불리는 유신정권하의 '긴급조치 9호'를 통해 더욱 선명해졌다. "국가 보안과 국민총화에 악영향을 줄 수 있는 것, 외래 풍조의 무분별한 도입과 모방 그리고 패배, 자학, 비관적인 내용, 선정적이고 퇴폐적인 내용" 같은 기준을 통해 1975년부터 1976년까지 1년 사이에만 무려 994곡에 이르는 노래를 금지곡으로 지정했다.

금지곡 지정의 기준은 자의적이고 무분별했다. '귀에 걸면 귀걸이, 코에 걸면 코걸이' 식으로 정권의 입맛에 맞지 않으면 혹은 체제를 유지하는 데 조금이라도 영향이 있을 것 같은 불안감이 들면 모조리 망가뜨려버린 것이다.

이는 역설적으로 군사독재정권이 문화적인 도전을 두려워하고 있다는 사실을 보여준다. 또한 인간의 기본적인 욕망인 '자유'와 '행복'을 말하는 행위를 제약한다는 건 유신체제의 정당성이 얼마나 취약한 지 드러낸다.

한대수와 같은 전위적인 예술가의 등장을 위협으로 간주한 당시 정권은 자유와 행복을 갈구하는 노래 한 곡으로도 '붕괴'와 '전복'을 염려할 만큼 위태롭고 불안했다.

⊗ '자유'와 '행복'을 꿈꾸는 몽상가

그렇다고 한대수가 정치적으로 뚜렷한 노선이나 색깔을 보여준 건 아니었다. 자유로운 영혼으로 살고자 하는 의지를 가감 없이 드러냈을 뿐이었다. 한대수는 그렇게 인기 있는 가수도 아니었다. 그가 선뵌 노래들은 마니악하거나 낯설었기 때문이다.

시간이 지날수록 그의 음악에 경탄하는 사람들이 늘었다. 들을수록 새롭고 수준 높은 음악이었다. 눈 밝고 귀 열린 사람들은 일찍이 한대수의 음악을 찾아 듣고 그의 예술적 가치를 알아봤다.

한국 대중가요가 한대수와 신중현 같은 인물들이 등장하면서 본격적으로 시작되었다는 말은 과언이 아니다. 번안곡만 판치던 시절, 둘은 직접 가사를 쓰고 곡을 지었다.

한대수 역시 유명한 포크 그룹 '세시봉' 출신이었지만, 자신만의 독자적이고 개성적인 특징을 드러내는 데 재능을 더 발휘했다. 당시 한대수의 노래를 듣는다는 건 스스로 '반골'임을 드러내는 행위이자 불의한 세상과 타협하지 않겠다는 선언이나 마찬가지였다.

한대수는 음악 활동뿐만 아니라 생활 방면에서도 자유의 가치를 가장 중요하게 여겼다. 획일화된 제도와 강압적인 분위기를 천성적으로 싫어했다.

부산에서 고등학교를 다닐 때 할아버지를 따라 뉴욕으로 건너갔다. 그의 할아버지는 일제 강점기 미국 프린스턴대학교에서 박사학위를 받고 연세대학교의 전신인 연희전문학교 신학대학장을 역임했을 정도로, 개화된 사상과 지식을 지닌 엘리트였다. 틈나는 대로 바이올린을 연주하고 클래식 음반을 들을 정도로, 음악에 조예가 깊은 인물이기도 했다.

그의 아버지 역시 서울대학교를 나와 미국 코넬대학교로 유학을 떠나 핵물리학을 전공한 수재였다. 어머니는 그 시절 피아노와 바

미국에서 학창 시절을
보낸 한대수

78

이올린에 두루 능한 음악가였다.

한대수가 평생 자유를 갈망하던 배경에 뿌리 깊게 교양과 음악을 애호하는 가족사가 가로놓여 있던 셈이다.

한대수는 아버지의 부재 속에서 성장기를 보냈다. 자신을 낳자마자 홀로 미국으로 유학을 떠난 아버지는 그에게 낯선 존재였다. 그는 고등학생 때까지 할아버지를 아버지처럼 여기고 살았다.

열여섯 살 때 할아버지를 따라 도착한 뉴욕에서 아버지를 처음 만났다. 하지만 그의 아버지는 미국에서 미스터리한 납치 사건을 경험한 뒤, 새로운 가정을 꾸리고 이상한 사람이 되어 있었다.

1960년대 핵물리학을 연구한 엘리트 한국인 박사의 납치 사건은 일견 냉전 시대의 음모론을 떠올리게 한다. 하지만 그의 아버지는 죽을 때까지 납치 사건의 전모에 대해 해명하지 않았다. 사건에 대해 물을 때면 "Passed is the past(과거는 과거일 뿐)"라는 모호한 말로 어물쩍 넘어갔다.

한대수는 그런 아버지를 원망하거나 적대하지 않았다. 그저 아버지와 자신은 각자의 삶을 나름의 방식으로 사는 것일 뿐이라고 생각했다.

그는 뉴욕에서 할아버지의 권유대로 대학에 가 수의학을 공부했지만, 곧 사진예술로 전공을 바꾼다. 이후 사진은 한대수가 평생 간직한 예술 취미가 되었다. 귀국 후 발표한 첫 앨범에 담긴 직접 찍은 기이한 커버 사진도 사진 전공이 어느 정도 영향을 줬다.

스무 살이 넘어 한국으로 돌아온 한대수는 서울 종로 명륜동에 있던 어머니 댁에 얹혀살며 실컷 놀고 분탕도 쳤다. 연애도 마음껏 하며 자기만의 음악을 만들었다.

평생 몽상하듯 자유롭고 행복할 수 있을 거라고 생각했다. 완연한 '히피' 그 자체이던 시절이었다.

⊗ 딸도 "양호" 인생도 "양호"

누구나 마찬가지, 한대수도 나이를 먹고 어른이 되었다. 그러는 동안 그는 서울과 뉴욕을 오가며 살았다. 서울에서 결혼하고 20년 만에 이혼한 뒤, 뉴욕에서 현재 부인 '옥사나 알페로바'를 만나 재혼하기도 했다.

다른 남자와 재혼한 전 부인이 이혼한 뒤 딱한 처지가 되었을 때, 한대수는 옥사나에게 전 부인의 사정을 말하고 양해를 구한 뒤 셋이 함께 한집에서 산 적도 있다.

이렇듯 그의 삶은 평범한 한국적(?) 사고로는 이해하기 힘든 국면의 연속이었다. 평생 홀가분했던 그의 삶도 딸을 얻은 뒤부턴 크게 달라졌다.

그는 원래 자식을 원하지 않았다고 한다. 자유로운 인생이 방해받을 걸 염려했기 때문이다. 그런데 예순이 넘어 낳은 딸 '양호'는 그의 인생을 완전히 뒤바꿨다.

그는 딸의 교육에 가장 많은 에너지를 쏟아붓고 있다. 말년에 다시 뉴욕으로 이주한 이유 역시, 사랑하는 딸에게 경쟁 일변도로 진행되는 강압적인 한국의 제도 교육을 받게 하고 싶지 않아서였다.

그는 뉴욕에서 가장 다양한 인종이 한데 섞여 다니는 학교에 딸아이를 보내 하루 종일 마음껏 뛰어놀게 하며 자신만의 인생을 스스로 찾을 수 있도록 하고 있다. 그의 딸 이름 '양호'는 그가 항상 되뇌는 "양호하다"란 말에서 따온 이름이다.

그는 영어가 더 편해서이기도 하겠지만, 다른 사람들은 잘 구사하지 않는 자신만의 독특한 어휘를 생활어로 사용한다. 돈을 '화폐'라고 칭하거나, 좋거나 기쁠 때 항상 "양호하다"라고 말한다.

걱정 없이 사는 것처럼 보이는 한대수 역시 돈 문제만은 일생을 괴롭히는 숙제였다.

2007년에 선정된 한국 대중음악 100대 명반(〈경향신문〉 〈가슴네트워크〉 공동 주관) 8위(〈멀고 먼 길〉)와 82위(〈무한대〉)에 드는 앨범을 두 개나 보유한 기념비적인 업적을 남긴 가수가 아파트 월세를 걱정해야 하는 신세를 한탄하기도 한다.

그는 한국 사회가 '예술적 퍼

딸 양호와 즐거운 한때를
보내고 있는 한대수

포머'에 대한 대우를 너무 박하게 한다고 지적한다. 가수 활동 외에도 책을 쓰고 출간한 것도 음악만으론 먹고살기 어려워서였다.

하지만 그는 돈 걱정으로 삶을 갉아먹지 않는다. 함께 작업하는 동료와 친구 들을 초라한 집에 초대하길 주저하지 않는다. 그러곤 "화폐가 없어도 평생 양호한 삶을 살았다"라며 너털웃음을 짓는다.

그는 알코올 중독자가 되어 고통을 겪고 있는 아내를 대신해 전적으로 딸을 돌보는 중이다. 가족을 부양해야 하는 가장의 책임감을 뒤늦게 깨달았다. 젊은 시절 그렇게 자유롭고 방탕하기까지 한 삶을 살았던 자신이 다 늙은 뒤에 가족을 위해 헌신하는 삶을 살게 될 줄은 꿈에도 몰랐다고 한다.

그래서 그는 항상 "인생은 공평한 것"이라고 주억거린다. 지금은 병든 아내와 어린 딸을 동시에 돌보는 생활도 그저 "양호하다"라고 말한다. 딸이 스무 살이 되는 여든 살까지만 어떻게든 사는 게 가장 큰 바람이다.

홀로 하드캐리한
여자농구의 전설

한국 농구의 여왕,
박신자(朴信子, 1941~)

⊗ 1960년대 여자농구 전성시대를 이끌다

"농구가… 농구가 하고 싶어요", "포기하면 그 순간이 바로 시합 종료예요." 만화 〈슬램덩크〉의 명대사들이다. 1990년대 농구의 인기는 대단했다. 심은하와 장동건이 출연한 드라마 〈마지막 승부〉도 폭발적인 관심을 얻었다. 그 시절 최고의 스포츠는 단연 농구였다.

농구대잔치에서 '연세대'와 '고려대', '현대'와 '기아'의 라이벌 승부는 전쟁과도 같았다. 허재, 서장훈, 이상민, 현주엽 같은 스타 플레이어의 위상은 웬만한 연예인을 뛰어넘는 수준이었다.

하지만 여자농구는 남자농구에 가려 빛을 보지 못했다. 여자농구의 인기는 남자농구에 비할 바가 못 되었다.

남자 경기는 TV 중계 방송을 해주면서 여자 경기는 건너뛰기 일쑤였다. 중계를 하더라도 프라임타임엔 남자 경기를 배정하고 여자 경기는 남자 경기의 앞자리에 배치해 서둘러 끝내기 바빴다. 심지어 여자 경기는 승리 세리머니도 마음 놓고 할 수 없는 처지였다. 남자 경기가 곧바로 이어져야 했기 때문이었다.

하여, 정확하게 말하면 1990년대는 한국 남자농구의 전성기였을 뿐이었다.

여자농구가 남자농구보다 더 주목받던 시절도 있었다. 1960년대 '박신자'가 활약하던 때였다. 박신자의 실력은 타의 추종을 불허했다. 국내엔 대적할 만한 상대가 없었고, 서양 장신 선수들과 맞붙어도 밀리지 않았다.

농구는 팀 스포츠였기 때문에 다른 선수들이 뒷받침해주지 않으면 승리를 거두기 어려우나, 박신자는 혼자 힘으로 경기를 뒤집는 경우도 비일비재했다. 말 그대로 혼자서 경기를 '하드캐리'하는 진정한 '크랙'이었다.

⊗ 한국 농구 휩쓸고 국제무대에서도 두각 드러내

박신자가 두각을 드러낸 건 중학생 시절부터였다. 중학생 때 이미 고등학생보다 뛰어난 실력을 보여줬다. 1954년 모교 숙명여자고등학교가 홍콩에서 열린 국제대회에 진출했을 때, 입학예정자 신분으로 경기에 참여해 상대 팀의 혼을 쏙 빼놓았다.

농구 종주국이라고 할 수 있는 미국이나 유럽의 지도자 들도 "저 선수는 도대체 누구냐?"라며 박신자의 실력에 혀를 내둘렀다. 고등학교 때는 전국대회 우승을 도맡다시피 했다. 워낙 압도적인 실력을 갖고 있었기에 상대 팀은 박신자를 막을 생각조차 하지 못했다.

박신자는 176cm의 신장으로 우리나라 여자 농구계 최장신 센터였다. 요즘 이 정도 키는 여자 농구계에서도 단신으로 분류되는 수준이지만, 그 당시 우리나라에선 보기 드문 신체 조건이었다.

다른 선수들과 함께 있으면 한 뼘은 더 차이가 날 정도로 컸다. 물론 국제대회에 나가면 서양 선수들에겐 댈 게 못 되었다. 국내에선 제일 큰 선수였지만 190cm가 넘는 외국 선수들에 비하면 왜소한 축이었다.

하지만 실력만큼은 뒤지지 않았다. 큰 키와 육중한 몸으로 막아서는 외국 선수들 사이를 비집고 들어가 기어이 골을 집어넣었다. 어쩜 그렇게 신통하게 슛을 성공시키는지, 사람들은 그녀가 공을 잡으면 일단 두 점 이상의 점수를 보태 계산할 정도였다.

사람들은 박신자가 정글 같은 골 밑을 종횡무진 누비고, 골리앗 같은 외국 선수들과의 볼 다툼도 마다하지 않을 때마다 환호했다. 국제대회에서 전례 없는 실적을 거두고 한국으로 돌아오면 그녀를 위한 '카퍼레이드'가 준비되어 있었다. 전례 없던 여성 스포츠 스타의 등장이었다.

| 한국 여자농구의 전설, 박신자

이전까지 국제대회에서 예선 탈락을 밥 먹듯 했던 한국 대표팀이 박신자가 합류한 이후 본선에 오르고 준수한 성적을 거두면서 여자농구는 점차 인기를 얻었다. 사람들은 여자농구 국가대표팀의 선전에 자부심과 긍지를 느꼈다.

박신자는 1950년대 한국전쟁 이후 피폐해진 국민의 삶과 상처받은 영혼에 생기를 불어넣는 존재였다. 별다른 오락거리가 없었던 1960년대 산업화 시기, 박신자는 그 자체로 대중에게 '즐길 거리'였고 '볼거리'였던 셈이다.

⊗ '명예의 전당' 입성한 아시아 유일의 농구선수

1959년 당시 '상업은행'은 여자실업농구계의 만년 2인자였다. 탄탄한 전력과 팀워크를 갖춘 '한국은행'에 가려 번번이 준우승에 그치고 말았다. 절치부심 우승을 노리던 상업은행은 박신자 영입에 공을 들인다. 당시 고교 농구스타 박신자는 모든 실업팀의 최우선 영입 대상이었다.

결국 박신자는 숙명여고 졸업 후 상업은행 유니폼을 입는다. 상업은행은 박신자 영입 첫해부터 한국은행을 위협했다. 하지만 첫해부터 실업농구리그 정상을 차지하는 건 무리였다. 한국은행은 수년 간 연이어 우승했던 챔피언답게 노련하게 박신자를 막아냈다.

박신자로선 농구를 시작한 이후 처음으로 경험한 좌절이었다. 이전까지 한 번도 우승을 놓친 적이 없었기 때문이다. 데뷔 첫해 성인 프로 무대에서 쓴맛을 맛본 박신자는 그해 여름 몸이 녹아내릴 때까지 연습에 매진했다. 수천 번 슛을 던지고 수백 번 리바운드를 잡아냈다. 박신자를 중심으로 짠 팀 전술도 무르익어 가면서, 리그가 시작될 겨울엔 전력이 완성 단계에 접어들었다.

박신자는 두 번째 해부터 리그를 초토화시킨다. 타고난 재능에 노력과 연습이 보태진 박신자를 막을 상대는 없었다. 1960년 상업은행은 한국은행을 격파하고 드디어 여자실업농구리그 우승을 차지한다. 이후 한동안 상업은행 전성시대가 이어졌음은 물론이다.

당시 여자농구계에서 절대적 지위를 누리고 있던 한국은행을 잡고 우승한 상업은행과 박신자는 장안의 화제를 불러 모았다. 상업은행은 리그 우승 자격으로 한국을 대표해 '박정희 장군배 쟁탈 동남아 여자농구 대회'에도 참가한다.

상업은행은 1963년부터 1967년까지 5년을 내리 우승했다. 대회 이름부터 군사독재정권 뉘앙스가 물씬 나는 이 대회는 일본과 대만, 홍콩 등 아시아 국가를 대표하는 실업농구팀이 참여해 경쟁을 벌이는 일종의 '챔피언스리그'였다. 상업은행의 우승이었지만 국민은 대한민국이 다른 나라를 꺾고 우승한 듯 기뻐했다.

박신자는 1999년 미국 테네시주 녹스빌에 만들어진 '여자농구 명예의 전당'에 헌액된 아시아 유일의 선수다.

현대여자농구 규칙을 확립한 농구의 어머니 '센다 에벗'과 올림픽 2회 우승에 빛나는 '리디아 알렉시바', 18세의 나이로 미국에 올림픽 은메달을 안겼던 '리버만 클라인' 등 전 세계에서 스물여섯 명만이 명예의 전당에 이름을 올리고 있다. 박신자는 20세기 세계 여자농구의 전설들과 어깨를 나란히 하고 있는 셈이다.

현판엔 그녀의 소개가 실려 있다. "당대 아시아 최고의 여자농구 선수", "1967년 세계선수권에서 한국을 준우승으로 이끌며 MVP를 차지한 선수", "1979년 세계선수권 대회와 1988년 서울 올림픽에서 탁월한 능력을 발휘한 선수 출신 행정가."

박신자는 선수 시절 기량도 뛰어났을 뿐만 아니라, 은퇴 이후에도 여자농구 발전을 위해 발 벗고 나서 한국 여자농구의 위상을 세계적으로 높인 인물이기도 하다.

1967년 도쿄 유니버시아드대회에서 우승한 뒤 시상대에 선 박신자
(1967년 9월 5일)

⊗ "하얗게 불태웠어", 1967년 세계선수권대회 MVP

명예의 전당 현판에도 기록된 1967년 체코 프라하 세계선수권대회
는 박신자를 '월드스타'로 등극하게 만든 대회였다. 냉전체제의 정
점을 지나던 시기에 열린 국제대회였던 만큼 자유 진영 국가와 공
산 진영 국가 간의 대결은 전쟁을 방불케 했다.

한국과 국교를 맺지 않았던 공산 국가에서 펼쳐지는 대회였기에
비자를 발급받는 것도 어려웠고 체류 중 선수단의 안전도 보장받지
못하는 상황이었다. 선수들은 시합을 준비하면서도 묘한 긴장감과
두려움 때문에 이중고를 겪어야만 했다.

1960년대부터 경제적 번영을 누리고 있던 일본 외교부가 체코
에 주재하고 있어 신세를 질 수밖에 없는 형편이었다. 하지만 일본
과 경쟁 관계에 있던 우리나라 대표팀의 편의를 그렇게 쉽게 봐줄
리 없었다.

그럼에도 이 대회에서 한국은 동독과 일본, 유고, 이탈리아를 연
달아 격파한다. 매운맛을 본 일본 대표팀 감독은 "박신자가 있는 한
한국을 이길 수 없다"라고 탄식하기도 했다.

4강전 '체코'와의 경기는 그야말로 혈투였다. 홈팀 체코의 텃세
가 심했지만, 박신자는 경기 막판 5반칙 퇴장을 당할 정도로 분투하
며 맞섰다. 경기 종료 7초를 남겨두고 상대 팀 공을 빼앗은 한국이
레이업 슛을 성공시켜 대역전극에 성공한다.

그렇게 힘겹게 오른 결승전에선 세계 최강 '소련'을 만난다. 몸이

부서져라 뛰었지만, 평균 신장이 20cm나 큰 팀을 상대로 더 이상은 무리였다. 체코와의 경기에서 하얗게 불태웠던 선수들의 체력이 더 이상 남아 있을 리 없었다.

승부의 균형추는 일찌감치 소련 쪽으로 기울었다. '기적 같은 연승' 끝에 찾아온 '거짓말 같은 패배'였다. 준우승이었다.

하지만 한국 남녀 스포츠 역사를 통틀어 구기 종목에서 세계 2위의 성적을 올린 건 이때가 처음이었다. 박신자는 이 대회에서 준우승을 하고도 MVP를 차지한다.

보기 드문 사례였다. 보통 MVP는 우승에 가장 기여한 선수에게 주어지기 마련인데, 패한 팀의 선수에게 수훈갑을 선사한다는 건 그만큼 압도적인 실력을 보여줬다는 뜻이었다.

⊗ 우아하고 기품 있는 플레이로 인기 독차지

여자농구 대표팀이 귀국하자 수만 명의 시민들이 거리로 몰려나와 맞이했다. 박신자는 환호의 중심에 서 있었다. 환영식 인터뷰에서 한 기자가 물었다. "후배와 농구 팬들에게 도움이 될 말을 한마디 해주세요. 특히 성공의 비결을 말씀해주세요." 박신자는 답했다. "미치는 거예요. 무엇에나 한 가지 일에만 미치는 거예요."

이 대회를 끝으로 박신자는 명예롭게 은퇴했다. 그녀의 마지막 경기엔 7천여 명의 관중이 몰렸다. 은퇴식 후 박정희 대통령은 그녀를 청와대로 따로 불러 직접 격려하기도 했다.

박신자는 전성기 시절 당대 최고의 코미디언이자 MC였던 '후라이보이 곽규석'이 진행한 〈동아방송〉의 '스타대담'(1964년 8월 24일) 코너에 출연한 적도 있다.

　인터뷰는 짓궂어, 경기 외적인 질문도 많았다. 국제대회에 출전할 때 경험한 해외 체류담이나 좋아하는 음식, 즐겨 듣는 음악, 취미 생활 등을 물었다.

　아무래도 전국민적인 관심을 받고 있던 젊은 여자선수였기 때문에 이성 교제나 결혼 계획 따위의 질문도 이어졌다. 박신자는 인터뷰 내내 "흐흐", "헤헤" 하며 웃기만 할 뿐, 어떤 질문에도 똑 부러지는 답을 하지 않았다.

　분위기를 끌어올리기 위해 애쓰던 곽규석은 갑자기 방향을 전환해 농구 플레이에 관해 물었다. "어쩜 그렇게 슛이 정확합니까?" 이 질문에 박신자는 "공을 잡으면 정확히 슛을 하라고 배웠습니다"라고 힘줘 대답했다. 그날 인터뷰에서 그녀가 가장 명확하게 자기 의

농구 코트 위에 서 있는 박신자
(박영숙 사진작가 촬영, 1981년)

사를 드러낸 답변이었다. 우문에 현답이자 달인의 겸손이었다.

현재 한국 여자농구는 겨울 시즌엔 정규리그가 열리고 여름엔 '박신자컵' 대회가 열린다. 박신자컵은 한국 여자농구의 전설 박신자를 기념하고자 2015년에 만든 '써머리그'다. 선수들은 박신자컵에 출전해 비시즌 동안 갈고닦은 기량을 겨루며 불세출의 선배 박신자의 기록에 한걸음 다가서고자 노력한다. 현재 미국인 남편과 함께 하와이에서 살고 있는 박신자는 이 대회에 애착을 표현하며 "내 인생의 보너스"를 받은 것 같다고 흐뭇해했다.

박신자는 한국 여자농구 센터 계보의 첫째 줄에 올라 있는 인물이다. 그 뒤를 '박찬숙', '정은순', '정선민', '박지수' 등이 이어받았지만 누구도 그녀를 뛰어넘었다는 이야기를 들은 바 없다.

현재 한국 여자농구는 극심한 침체를 겪고 있다. 국제무대에서의 성적도 초라하기 짝이 없고 협회와 구단, 선수 사이의 불협화음도 심심찮게 감지된다. 무엇보다 팬들이 경기를 외면하는 게 가장 큰 문제다. "스포츠 도박꾼들만 보는 리그"로 전락했다는 조롱까지 듣는 수준에 이르렀다.

박신자의 플레이는 날카롭고 정확했으며 우아하고 기품 있었다. 그녀는 관중이 어떤 플레이를 원하는지 알고 있었다. 한국 농구는 더 이상 감흥 없는 승리에만 집착하지 말고 박신자의 영민함과 근성을 배워야 한다. 농구가 세상의 전부였던 그녀는 80대가 된 지금까지도 가끔 커다란 주황색 농구공을 바닥에 튕겨본다고 한다.

'저고리 시스터즈' 센터는
바로 나야 나

조선 최초 걸그룹의 센터,
홍청자(洪淸子, 1924~?)

⊗ 조선 최고의 인기 걸그룹, 저고리 시스터즈

서울에서 공연을 마치고 곧장 중국으로 건너가 무대에 올라야 한
다. 다음 달은 일본 투어가 예정되어 있다. 곧 발표할 신곡에 맞춰
안무 연습도 해야 하고, 몰려든 영화 시나리오를 검토한 후 출연작
도 확정해야 한다.

요즘 잘 나가는 걸그룹 이야기가 아니다. 1930년대 최초로 결성
된 걸그룹 '저고리 시스터즈'의 스케줄이다. 종종 TV 예능 프로그
램에선 '추억 소환'이니 '레트로 열풍'이니 하면서 1980~1990년대
걸그룹 활동을 했던 왕년의 스타를 불러놓고 "걸그룹의 조상"으로

소개하는 경우가 있다.

하지만 진짜 원조는 따로 있다. 식민지 시기에 활동한 조선 최고의 인기 걸그룹, '저고리 시스터즈'다. 이 팀은 1935년 '오케 악극단' 산하의 4인조 여성보컬그룹으로 결성되었다.

걸그룹의 비조(鼻祖)답게 멤버의 면면이 화려하기 그지없다. 첫 기수는 '이난영'과 '장세정', '박향림', '이화자'였다. 이난영은 〈목포의 눈물〉로 유명한 '한국 가요계의 전설'이었고, 〈연락선은 떠난다〉의 주인공 장세정도 이난영에 버금갈 만큼 유명했다. 〈오빠는 풍각쟁이〉의 박향림과 〈화류춘몽〉의 이화자도 가수로나 댄서로나 조선 최고의 실력자들이었다. 당대 가장 뛰어나고 인기 많은 여가수 전부가 한 팀에 속해 있었던 셈이다.

저고리 시스터즈의 구성과 체제는 유연한 편이었다. 5인조로 활동할 때도 있고 상황에 따라 멤버가 바뀌기도 했다. 저고리 시스터즈는 고정 멤버가 정해져 있는 그룹이 아니라 '플랫폼'이었다.

그러니 1930년대 말과 1940년대 초 '저고리 시스터즈'란 이름으로 활동한 '이준희', '김능자', '홍청자', '서봉희'도 저고리 시스터즈의 당당한 멤버라고 할 수 있다. 이준희는 일본 '쇼치쿠 악극단' 출신이었고, 김능자와 홍청자는 '다카라즈카 가극단' 출신이었다. 서봉희 역시 다른 멤버들 못지않은 실력파 가수 겸 무용가였다.

저고리 시스터즈를 거쳐 간 멤버들은 최고의 걸그룹 출신답게 해방 이후에도 한국 가요계를 주름잡았다. 다소 촌스럽거나 정겨운 느낌을 주기까지 하는 이름의 저고리 시스터즈는 알고 보면 굉장히 선진적인 시스템을 갖춘 그룹이었던 것이다. '따로 또 같이'를 표방하며 '유닛' 활동도 했고, 최근 최고의 연예 기획사들이 시도하고 있는 '무한확장-무한개방 체제'를 도입하기도 했다.

1930년대 활동한 최초의 걸그룹이 21세기에 만들어진 아이돌 그룹도 쉽게 흉내 내지 못할 열린 시스템을 갖추고 있었던 셈이다. 이후 저고리 시스터즈의 성공적인 활동에 자극받아 김해송, 박시춘, 송희선, 현경섭, 이복본으로 구성된 남성 그룹 '아리랑 보이스'가 만들어지기도 했다.

⊗ 단숨에 센터 자리 꿰찬 홍청자

걸그룹에서 '센터'의 역할은 매우 중요하다. 팀 전체의 매력을 초점화할 수 있어야 하며, 사람들의 시선과 관심을 단박에 끌어내야 하는 임무도 있다.

한국의 원조 걸그룹 저고리 시스터즈의 메인 보컬은 '이난영'이었지만, 누가 뭐래도 가장 돋보이는 센터는 '홍청자'였다.

그녀는 빼어난 미모와 무용 실력으로 단숨에 센터 자리를 꿰찼다. 이난영이나 장세정, 박향림 등 기라성 같은 선배들 틈에서 눈에 띄는 게 쉬운 일은 아니었지만 홍청자는 타고난 매력이 대단한 천생 연예인이었다.

사람들은 귀로는 이난영의 노래를 듣고 눈으로는 홍청자를 바라

봤다. 이난영이 전통소리에서 신식가요로 넘어가는 전환기의 가수였고, 장세정과 박향림이 레코드로 가요를 듣는 시대를 열었다면, 홍청자는 무대 위에서 노래와 춤이 어우러질 때 에너지가 터져 나오는 화려한 공연의 매력을 알게 해준 엔터테이너였다.

| 홍청자

호적상 1924년 태어난 것으로 되어 있는 홍청자의 실제 출생년도는 정확하게 알려져 있지 않다. 1920년생이라는 말도 있고, 1922년이 맞다고 주장하는 사람도 있다. 그녀의 고향 역시 의견이 분분한데, 평안북도 강계 혹은 함경남도 함흥이라는 설이 유력하다.

조실부모한 그녀는 오빠와 함께 경성으로 내려와 생활하다가 오빠마저 죽은 뒤에는 천애고아가 되었다. 다행히 어여쁜 그녀를 거둔 독지가가 나타나, 그녀는 한(韓)씨 집안의 양녀로 들어간다.

일찍이 홍청자의 재능을 알아본 양부는 그녀를 데리고 일본으로 건너간다. 일본에서 소학교를 졸업한 뒤, 열한 살 무렵 춤을 배우기 시작했다.

출중한 소질이 있었던 덕분에, 일본 현대무용의 선구자로 알려져 있는 이시이 바쿠 문하로 곧장 들어갈 수 있었다. 일본 현대무용

96

의 또 다른 실력자 고이즈미 이사무에게 춤을 배울 기회를 얻기도 했다.

이후 일본 효고현에 있는 '다카라즈카 가극단'에 들어가면서 본격적으로 무용수 생활을 시작한다. 다카라즈카는 오사카와 고베 사이에 위치한 휴양지로, 일본에서도 최대 규모인 4천 명 객석의 오페라 극장이 있었다.

홍청자는 어린 시절부터 일본에서 가장 큰 무대에 오르는 경험을 할 수 있었던 셈이다. 이후엔 조선 최고의 무용수 최승희의 라이벌이자 일본에서 활동 중이었던 '배구자'의 악극단에 들어가 대중 무용수로서 입지를 다지기 시작한다.

⊗ 화려한 외모로 최고 인기스타 등극

소녀 시절 이른 나이에 데뷔한 뒤 1930년대 중반 이후 내내 일본에서만 활동했던 홍청자는 1940년이 되어서야 경성으로 건너온다. 1940년 1월 '조선 악극단'이 일본 순회공연 중 오사카에 들렀을 때, 그녀의 재능과 미모를 알아보고 탐낸 극단주가 그녀를 스카웃했다.

일본 극단에서 관객 동원력이 뛰어난 인기스타 홍청자를 쉽게 놓아줄 리 없었다. 하지만 그녀는 성인이 된 뒤, 20대엔 고국으로 돌아가 꿈을 펼쳐보고 싶은 생각이 있었다. 조선에서 활동하고자 하는 그녀의 완강한 뜻을 아무도 막을 수 없었다.

경성으로 온 지 얼마 지나지 않아 단숨에 조선 악극단의 주역으

저고리 시스터즈

로 성장한 홍청자는 저고리 시스터즈의 후속 멤버가 된다. 그녀의 춤과 노래는 조선은 물론 일본과 중국에서도 크게 인기를 얻었다.

어느 무대에서나 홍청자의 공연은 하이라이트를 장식했다. 그녀를 보기 위해 관객이 구름처럼 모여들었다. 특히 남성 관객들은 홍청자를 연호했고 가까이서 보고 싶어 아우성을 쳤다.

당시 신문(〈동아일보〉, 1940년 3월 23일)은 홍청자가 속해 있던 저고리 시스터즈가 "반도 최고의 춤, 노래, 밴드가 버무려진 쇼"를 보여준다면서 이들의 인기가 "반도를 넘어 동도(도쿄)에까지" 전해진다고 보도하고 있다. 또 "근심과 걱정에 찌들어 웃음을 잊은 우리에게 웃음과 노래를 파는 백화점 점원"이며 "조선의 정서가 고이 잠들어 있는 악극 자매단의 무대 등장은 반도의 인기를 독차지"하고 있다고 소개했다.

홍청자는 노래와 춤만 잘하는 게 아니라 미모가 워낙 빼어났기에 영화에도 출연한다. 식민지 시기 말의 중요한 작품으로 평가받는 〈조선해협〉과 〈병정님〉에서 조연을 맡았다.

이 영화들은 식민지 시기 말 친일을 선전하는 국책 협력 영화로 손쉽게 분류되기도 하지만, 전쟁 시기 '제국 일본'과 '식민지 조선' 사이의 복잡 미묘한 관계를 은유적으로 드러내는 수작으로 평가받기도 한다.

실제로 1940년대 전반은 일제가 전쟁을 일으킨 뒤 총력전 체제를 펼칠 때라 식민지 조선의 문화정책이 긴급하게 조정된 시기였다. '친일'과 '협력'을 선전하는 내용의 문학과 예술만이 합법적으로 생산되고 유통될 수 있었다.

전시 물자절약 정책 탓에 신문이나 잡지 등 매체 발행도 대부분 중단되었고, 공연 규모 역시 축소되거나 부대 위문 공연으로 성격이 급변했다. 문화적 자율성이 위축된 상황에서도 홍청자는 연기와 공연을 계속 이어갈 수 있었던 선택받은 존재였다.

홍청자를 비롯한
당대 최고 인기 여가수들
도쿄왕궁 앞 기념사진
(왼쪽부터 홍청자, 왕숙랑,
박향림, 이난영, 서봉희,
김능자, 장세정, 이화자)

⊗ 대중이 소비한 여성 연예인의 비참한 말로

화려한 연예인의 삶을 살아왔던 홍청자의 말년은 참혹하기 이를 데 없다. 우선 악극단 소속 남성들과의 염문으로 몸살을 앓는다. 조선 가요계의 대부이자 'K.P.K 악단'의 단장이었던 '김해송'과 사실혼 관계라는 소문이 파다했다.

김해송은 유부남이었기에 홍청자에게 이내 '불륜녀'라는 딱지가 붙었다. 더구나 김해송의 본부인은 홍청자에게 까마득한 선배이기도 한 전설의 여가수 '이난영'이었다. 그녀에게 남편을 빼앗긴 이난영이 1948년 9월 춘천 소양강에서 투신 소동까지 벌였으니, 홍청자를 바라보는 대중의 시선은 차갑게 식을 수밖에 없었다.

이때 홍청자는 딸 하나를 낳는데, 그 아이가 김해송의 아이라는 말도 있었고 조선 악극단 임원 '방예정'의 아이라는 소문도 돌았다. '미혼모'라는 주홍글씨까지 새겨졌으니 당시 그녀가 겪은 고난을 상상하기 어렵지 않다.

설상가상 한국전쟁 직후 홍청자는 더 급격하게 몰락한다. 30대에 접어들어 젊고 생기 있는 모습을 잃은 탓에 예전만 한 인기를 얻을 수 없었고 '불륜녀'라는 허물이 꼬리표처럼 따라다녔다.

홍청자는 자신의 비루한 처지를 견디지 못하고 차마 해선 안 될 짓을 하고야 만다. 아편에 손을 댄 것이다. 1950년 정부에서 실시한 '문화인 등록과 지원을 위한 조사' 과정에서 홍청자를 중독자로 분류해 지원 대상에서 제외한다는 기사(〈경향신문〉, 1950년 2월 21일)

마약중독으로 병원에 수용된
홍청자의 모습
(<동아일보>, 1958년 4월 12일)

가 실려 있는 걸 보면, 마약이 그녀를 좀 먹기 시작한 지 상당한 시일이 흐른 것으로 보인다.

마약에 중독되고 연예계에선 퇴출된 거나 다름없는 처지였기에 딸과 단둘이 살았던 홍청자의 경제적 곤란은 더욱 가중되었다.

엎친 데 덮친 격으로 1957년 종로3가에서 매춘 영업을 하다가 적발되기까지 한다.

결국 1958년에 '아편 중독'과 '매춘' 등으로 징역형을 선고받고 복역하는 신세가 된다. 출소 뒤에도 그녀의 삶은 개선되지 않는다. 매춘과 마약의 늪에서 빠져나올 수 없었다.

1960년대 초반까지도 '왕년의 스타' 홍청자가 매춘과 마약 단속에 적발되었다는 기사가 왕왕 나오는 것으로 봐서, 그녀의 몰락은 한동안 가십거리로 소비되었던 모양이다. 오죽했으면 <눈물의 홍청자>라는 대중가요가 만들어졌을 정도였다.

마약법 위반으로 1962년 다시 감옥에 들어갔다가 나온 뒤 홍청자의 행적은 알려진 바가 없다. 사람들도 그녀에게 더는 관심을 주지 않았다.

이미 1950년대 말부터 미국 무대까지 진출해 성공한 '김시스터즈'가 새롭게 인기를 얻고 있었다. 김시스터즈는 이난영이 딸 셋을 모아 만든 글로벌 걸그룹이었다. 저고리 시스터즈의 경험을 살려 만든 팀이었기에 성공가도를 달릴 수 있었다. 늙고 초라해져버린 홍청자에게 눈길을 주는 사람이 더 이상 남아 있을 리 없었다.

홍청자의 몰락은 근대 초기 활약했던 '주목받던 여성'의 불행한 말로를 전형적으로 보여준다. 그녀의 이름을 연호하고 그녀의 몸동작 하나에 열광하던 사람들은 아무렇지도 않게 새로 등장한 연예인에게 관심을 옮겼다. 인기를 먹고사는 연예인의 운명이 대개 그렇다지만 홍청자의 말년은 너무나 불우했다.

그녀의 마약과 매춘 행위를 옹호할 순 없지만, 그녀를 그렇게 만든 게 과연 무엇 때문이었을까 생각해보지 않을 수 없다. 누구보다 빼어났던 여성들이 하나같이 파멸의 길을 걸을 수밖에 없었던 까닭은 한국의 사회문화적 조건이 유독 여성들에게 폐쇄적이고 가혹했기 때문이다.

잘나고 예쁜 여자가 몰락하는 서사야말로 근대의 대중이 탐욕적으로 소비했던 드라마의 스토리였는지도 모르겠다. 이난영을 제외하고 저고리 시스터즈 출신 멤버들이 모두 단명하거나 말년의 행적을 알 수 없게 종적을 감춘 사연들이 결코 우연만은 아닐 것이다.

"데뷔 45년 차 신인 김창완입니다"

새롭지 않은 걸 부끄러워하는 음악가,
김창완(金昌完, 1954~)

⊗ 발톱 세운 새로운 음악

"FAX 잘 받았습니다 / 이번 주 금요일 7월 26일 / 오후 일곱 시경 집으로 / 전화 주셔서 인터뷰를 했으면 좋겠습니다 / 인터뷰 내용을 미리 알려 주시면 / 시간이 절약이 될 겁니다"

1977년 등장해 활동해 온 '산울림'이 오랜 휴식을 끝내고 1997년 발표한 13집 앨범 〈무지개〉의 〈Fax 잘 받았습니다〉 도입부 가사다. 이 앨범엔 〈기타로 오토바이를 타자〉와 〈내가 왜 여기 있는지 몰라〉 같은 곡이 실려 있다. '생활 언어'와 '예술 언어'의 경계가 구분되지 않는 특이한 노랫말만 주목할 게 아니다.

| 산울림의 13집 앨범 재킷

이 곡들 말고도 1990년대 중반 이후 홍대 앞에서 무르익어 가던 '인디씬' 락밴드들의 활동을 넘어선 파격적인 형식과 새로운 내용의 곡들이 즐비하다.

'김창완'은 훗날 자신이 낸 음반들 중 1982년 발표한 8집 앨범을 가장 싫어하고 13집을 가장 좋아한다고 공공연히 말했다.

8집 앨범 수록곡 〈내게 사랑은 너무 써〉 등을 통해 인기가수의 반열에 올라서고 대중에게 많은 사랑을 받았음에도 이 앨범의 곡들은 그에게 숨기고 싶은 흔적이다.

그가 8집을 그렇게 평가한 이유는 단지 인기와 대중적 기호에 영합한 결과물이었기 때문만은 아니었다. "용기가 부족한 앨범", "발톱이 드러나지 않은 음악", "전혀 새로워 보이지 않는 노래들뿐"이라고 고백한 바 있듯, 김창완은 자신의 음악이 계속 변신하고 이전과는 다르길 희망했다.

산울림 13집 앨범을 스스로 가장 뛰어나다고 평한 것도 이 앨범을 발표하자 사람들이 산울림을 이전과는 또 다른 '새로운 밴드'로 봐줬기 때문이었다.

⊗ 음악은 돈 안 줘도 계속한다

1990년대 이후 태어난 세대에게 김창완은 가수라기보다 연기자로 더 많이 알려져 있을지도 모른다. 선한 표정과 어눌한 말투 뒤로 음모와 신경질을 감추고 있는 역할로 유명하다.

드라마 〈하얀거탑〉의 '우용길' 역이나 〈밀회〉의 '민용기' 역이 떠오른다. 더 극단적으로는 영화 〈닥터〉의 사이코패스 의사 '최인범' 역도 꼽을 수 있겠다.

사실 그전까지 김창완은 소시민처럼(?) 생긴 외모에 걸맞은 선하고 다정한 역할을 주로 맡아왔다. 특유의 맥 빠진 표정과 상대를 친근하게 바라보는 눈빛이 전매특허였다.

왜 갑자기 '악역'을 맡게 되었냐는 물음에 그는 "새로운 모습을 보여주니 사람들이 좋아하더라"고 말했다. '연기 천재'라는 세간의 평가에도 불구하고 김창완은 연기에 대해서만큼은 잘 모르고 딱히 자기 주관도 없다고 말한다.

김창완에게 연기란 "돈을 벌기 위해서 일이 들어오면 하는 것", 그 이상도 이하도 아니라고 했다. '선역'과 '악역'을 오가는 것도 실은 하얀 도화지 같은 그의 캐릭터를 변주해보고 싶은 감독과 PD의 주문에 그대로 응했을 뿐이란다.

그렇지만 음악에 대해서만은 양보와 타협이 없다. "연기는 돈 안 주면 안 하지만, 음악은 돈 안 줘도 계속해요"라고 하는 말처럼 그의 본업이자 사명은 가수임이 분명하다.

산울림 3형제(김창익-김창완-김창훈)

3형제(김창완-김창훈-김창익) 밴드 '산울림'이 처음 등장했을 때 사람들은 '신선함'과 '자유로움'을 느꼈다.

〈아니 벌써〉와 〈아마 늦은 여름이었을거야〉, 〈불꽃놀이〉, 〈문 좀 열어줘〉 등 한 앨범에서 여러 곡이 동시다발적으로 인기를 얻었다. 다듬어지지 않은 아마추어 같으면서도, 일찍이 들어본 바 없이 세련된 곡들에 사람들은 매혹되었다.

락적인 요소를 주저음으로 삼고 있으면서도 가사와 창법에 있어선 특유의 '담백함'과 '서정성'을 놓지 않아, 한국은 물론 전 세계 어느 밴드와도 구별되는 새로운 모습을 보여줬다.

얼핏 들으면 맥 빠진 듯 들리기도 하는 음색이지만, 힘찬 사운드가 진취적인 느낌을 주는 입체적인 곡들이었다. 그래서 혹자는 산울림을 '코리안 프로그레시브 메탈'의 선구자라고 하거나 '코리안 사이키델릭'의 원조로 두기도 한다.

산울림의 음악적 성과에 대해선 국내뿐만 아니라 국외에서도 관심이 높다. 외국의 음악 전문가들이나 음악 잡지에서 한국 락의 대표주자로 산울림을 꼽는 경우가 많다. 그 당시엔 요즘같이 'K-pop'과 같은 '한류'도 없었는데, 자생적으로 팬이 생겨나고 산울림의 음악과 연주에 열광하는 '마니아'들이 있었다는 게 신기할 지경이다.

산울림의 음악은 1970년대 당시 한국적 토양에서 배출해낼 수 있는 최대치의 '특별함'인 동시에, 전 세계 락 음악 팬들에게도 보편적인 공감과 동의를 얻어낼 수 있었던 시대의 '공통 언어'이기도 했다.

⊗ 과시하는 음악은 하지 않겠다

산울림의 곡들은 김창완이 작사, 작곡, 편곡을 모두 맡고 직접 부르기까지 하는 경우가 대부분이다. 동생 김창훈의 곡도 더러 있지만, 음악적인 색채와 계열만큼은 산울림의 테두리 안에서 서로 간의 동질성을 유지했다. '김창완'이 곧 '산울림'이었고, '산울림'이 바로 '김창완'이었다.

그의 막내 동생 김창익이 미국에서 불의의 사고를 당해 사망한 뒤 3형제 밴드는 자연스럽게 해체되었다. 후에 김창완 홀로 음반을 발표했을 때 그는 솔로 음반이라고 생각하지 않았다고 한다. 불가항력적으로 3형제가 의기투합할 수 없는 조건이 되었을 뿐, 산울림의 색채를 자신에게 그대로 투사해 음악 작업을 이어갔다고 한다.

김창완은 음악적인 배경과 계열을 명확하게 설명하기 어려운 뮤지션이기도 하다. 기타를 정식으로 배워본 적이 없고, 외국 유명 밴드의 음악을 별로 듣지 않았으며, 한국 음악사의 유행이나 흐름도 잘 몰랐다고 한다.

지금껏 공연과 무대에서 단 한 번도 다른 가수의 곡을 '카피'하지 않은 것으로도 유명한 산울림의 정체성은 이렇게 만들어졌다.

대학에 들어가 처음으로 클래식 기타를 구매해 만지작거리다 보니 그 소리가 참 좋았다고 한다. 작곡 지식도 전혀 없었지만 뚝딱 곡을 만들어냈다. 데뷔 앨범을 낼 때쯤 이미 200여 곡의 노래를 가지고 있었다고 하니, 김창완은 도저히 흉내 낼 수 없는 번뜩이는 창작 재능 외에 생산적인 면에서도 근면성을 갖추고 있었다고 볼 수 있다.

그래서 그는 다른 가수나 밴드와 달리 초창기 1년 새에 앨범 두세 개씩은 무리 없이 발표할 수 있었다. 정식으로 3형제가 모여 '산울림'이라는 이름으로 활동한 시간이 3년이 채 되지 않는데도, 동요 음반을 제외하고도 열세 개나 되는 정식 앨범을 낼 수 있었던 건 이 때문이었다.

가령 이런 식이다. 절창으로 유명한 〈청춘〉이란 노래는 그의 아들 돌잔치 하는 날 아침, 문득 아이에게 들려주고 싶어 오전 중에 뚝딱 만들었다고 한다.

3분 29초 동안의 사이키델릭한 기타 전주 뒤에 첫 가사가 나오는 〈내 마음에 주단을 깔고〉와 짙은 여운을 느낄 수 있는 〈아마 늦은 여름이었을 거야〉 같은 노래도 단 몇 분 만에(?) 만든 곡이라고 한다.

말 그대로 순식간이다. 고급 스튜디오의 음향 장비나 유명 세션, 전문 녹음 기사 등은 필요하다고 생각하지 않았다.

1990년대 이후 한국 음악의 '양'과 '질'이 폭발적으로 성장할 때, 가수들이 외국 엔지니어를 불러들이며 장비 경쟁이 붙었을 때도 그는 홀로 초연했다. "책을 고를 때 내용이 좋아야지, 종이 질만 따져선 아무 소용이 없다"라고 비유했다. 과시하는 음악은 하지 않겠다는 생각이었다.

⊗ 대중이 좋아해주는 게 행복할 뿐

김창완은 음악이 좋고 평생 해야 할 일로 여겼지만, 한편으로는 음악이 그다지 대수롭지 않은 거라는 생각도 했다. 그저 자신이 선택한 하나의 일일 뿐이고, 대중이 좋아해주는 게 행복할 뿐이라고 했다. 대개의 전위적인 예술가들이 그러하듯, 김창완 역시 자신이 하는 음악의 의미와 가치를 온전히 이해한 건 아니었다.

1970~1980년대 대중은 산울림 노래에 깔려 있는 '일상성'에서 평온을 느끼고, 한편으로는 '자유'와 '행복'을 지향하는 진보적 태도에 매료되었다. 노골적이지 않았을 뿐, 그의 노래에는 '락'과 '헤비메탈'이 지닌 '해방'과 '일탈'의 기운이 물씬 배어 있었다. 사상과 행동의 자유가 허락되지 않았던 억압의 시대에 산울림의 노래는 '산뜻한 공기'이자 '청량한 물 한잔'일 수 있었다.

김창완은 젊은이들이 락을 좋아하고 헤비메탈에 빠지는 이유가 '큰소리'를 좋아하기 때문이라고 말한다. 산울림의 음악이 사랑받았던 핵심적 이유와 가치를 명민하게 이해하고 있다는 사실을 보여주

김창완, 2016년
미니 콘서트 중에서

는 대목이다. 사람들이 자신이 생각하는 바를 크게 외쳐줬을 때, 공
감하고 위로받을 수 있다는 것이다. 그가 특유의 서정적이고 다정
한 노랫말들을 강렬한 '락 사운드'에 덧입힌 건 바로 이 때문이다.

김창완과 산울림의 음악은 기본적으로 정제되지도 조율되어 있
지도 않다. 초기에 발표한 앨범의 경우 설익은 연주와 엉터리 녹음
때문에 기타 튜닝도 제대로 되어 있지 않은 상태가 그대로 드러나
고 노이즈가 삽입된 경우도 있다.

하지만 산울림의 음악을 좋아하고 그의 음악 작업에 경탄하는
사람들은 그 정돈되지 않은 '불균형'과 '소음'마저도 매력이라고 생
각한다. 일상적인 내용에 불과해보이지만 살아간다는 것의 위대함
과 그 속에 삶의 진실을 적고 있는 노랫말은 사람들의 가슴속에 불
을 지핀다. 인생에 대한 깊은 성찰과 세계와의 부단한 대결 없인 나
올 수 없는 결과물들이다.

⊗ 항상 신인이고 싶은 45년 차 가수

김창완은 진보적인 음악이 가장 좋다고 말한다. 음악의 진보성은 정치사적인 맥락 속에서 정해지는 게 아니라, 대중과의 호흡을 유지하는 동시에 부지런하게 변화하려는 아티스트의 노력과 관계된 일이라고 말한다. 그는 젠체하는 음악을 경멸했으며 반복되는 노래들을 지루해했다. 그런 한편 자신이 어떤 정치적 주장이나 특정 세대의 상징이나 대표가 되는 일도 한사코 마다했다.

2000년대 그는 한 인터뷰에서 자신이 대학 생활과 음악을 시작했던 유신 시절에 대해 "스스로 억압받았다고 생각하지 않는다"라고 말해 파문을 일으키기도 했다. 이 사달 때문에 시대와 정치에 대한 인식이 날카롭지 못한 그를 더 이상 좋아할 수 없다는 사람에서부터 그의 음악을 즐겨 들어온 과거가 부끄러울 지경이라고 탄식하는 사람까지 생겨났다.

하지만 그는 누구보다도 잘 알고 있었다. 독재정권 시절 숨죽여 살던 젊은이들이 이제 막 세상에 나온 천둥벌거숭이마냥 큰소리로 "날이 밝았네"를 외치는 산울림을 왜 좋아했는지 말이다.

그는 자신과 산울림을 '천재' 혹은 '레전드'로 평가하고 대우하는 것도 내켜 하지 않는다. 자신을 '신인(新人)'처럼 대하는 방송국과 팬이 가장 좋다고 여러 자리에서 말했다. 새롭지 않은 음악이 가장 부끄럽고 남과 비슷하다는 소리가 가장 싫다고 했다.

그는 젊은 후배 가수들이나 심지어 인기 아이돌과의 협업도 즐거워한다. 어린이 드라마 〈5학년 3반〉의 주제가 〈청개구리〉를 공연 하이라이트에 꼭 배치하고, 인생의 페이소스가 짙게 묻어나는 시트 콤 〈순풍산부인과〉의 주제곡도 만들어 불렀던 우리 곁의 아티스트 김창완의 이야기다.

그리고 2022년 10월에는 산울림 데뷔 45주년을 기념하는 〈산 울림 리마스터 프로젝트〉 앨범을 발매하기도 했다. 이제 45년 차 신인가수가 된 셈이다.

"나는 너의
영원한 노래야"

뮤지컬계의 대모이자 영원한 피터팬,
윤복희(尹福姬, 1946~)

⊗ **"네가 만약 외로울 때면 내가 위로해줄게"**

〈여러분〉은 많은 가수가 자기만의 색깔로 다시 부른 곡으로 유명하다. 노래 실력이 무르익었다고 생각할 때 부를 수 있는 노래로 알려져, 이름만 들어도 알고도 남을 만한 쟁쟁한 가수들이 중요한 무대에서 여러 번 리바이벌했다.

2011년 TV 프로그램 〈나는 가수다〉에서 임재범은 이 노래를 통해 재기에 성공했다. 20년 넘게 생활고를 겪어가며 어렵게 지내던 고단한 아티스트가 노래 단 한 곡만으로 청중에게 자신의 삶과 내면을 담담하게 때론 울부짖으며 고백했다. 노래를 듣는 사람들은 이상하게 눈물이 났고 깊은 상념에 잠겼다. 한 가수의 외로웠던 시간에 감정이 이입되었다. 돌이킬 수 없는 자신의 과거를 반추해보고 쓸쓸한 현재의 삶을 다독이는 계기가 되었다.

〈여러분〉의 원곡 가수는 '윤복희'다. 그녀 역시 자신의 혼란스러웠던 젊은 시절을 떠올리며 앞이 보이지 않는 암담한 절망 속에서 등불을 들듯 이 노래를 불렀다. 거듭 이혼을 경험하고 여러 스캔들과 후두암 투병을 겪으며 좌절하고 있던 여동생을 위해 그녀의 친오빠이기도 한 작곡가 '윤항기'가 이 노래를 만들었다.

불완전한 인간의 진솔한 자기고백이자 사람들에게 위로를 구하는 동시에 격려를 전하기도 하는 이 노래는 윤복희에게 종교적 구원과도 같았다. 혼신의 힘을 다해 부른 이 노래로 그녀는 다시 살아갈 힘을 얻었고, 이 노래를 접한 대중도 깊은 감명을 받았다.

기존 대중가요에선 찾아보기 어려웠던 문법과 스타일 그리고 보기 드물게 둔중한 서사를 갖춘 노래로 윤복희는 그해 '서울국제가요제'에서 대상을 수상하기도 했다.

⊗ 한국 뮤지컬계의 대모, 영원한 피터팬

윤복희는 흔히 한국 뮤지컬계의 대모로 불린다. 뮤지컬이라는 장르 자체가 생소했던 시절, 선구적으로 무대에 올라 관객들을 만났다. 1977년에 뮤지컬 〈빠담빠담빠담〉에서 '에디뜨 삐아프' 역을 맡으며 뮤지컬 배우로서 첫 무대에 올랐다. 그녀는 이 공연에서 뛰어난

연기와 발성, 노래를 보여줘
한국 관객에게 뮤지컬의 매력
이 무엇인지를 느끼게 해줬다.
"에디뜨 삐아프가 윤복희인지,
윤복희가 에디뜨 삐아프인지"
구분이 안 될 정도로 훌륭하게
역을 소화했다.

뮤지컬 〈빠담빠담빠담〉에
'에디뜨 삐아프' 역으로 출연한 윤복희

이후 윤복희는 롱런한 뮤지
컬 〈지저스 크라이스트 슈퍼
스타〉에서 20년 동안 '막달라
마리아' 역을 맡았다. 다른 역
할의 배우들이 계속 바뀔 때도
그녀만은 마리아 역을 지켰다.

위기에 빠진 예수를 보호하기 위해 희생을 감수하겠다는 의지를
담은 노래와 가난하고 병든 이웃을 위해 사람들에게 도움을 호소하
는 절창은 대체불가였다.

그녀는 어린이들의 '영원한 피터팬'이기도 했다. 1980년대 아동
뮤지컬 〈피터팬〉에선 16년 동안 남장을 하고 주인공 '피터' 역을 맡
았다. 어린이를 위한 맞춤형 공연이 드물던 시절, 이 공연은 모든 어
린이가 보고 싶어 하는 작품이었다.

윤복희가 어찌나 소년 피터의 역할을 잘 소화했는지, 어린이 관

객들은 그녀가 엄마 아빠가 좋아하는 중년의 여성 대중가수인지 전혀 알아채지 못했다.

이 공연은 1980~1990년대 어린이날 즈음이면 세종문화회관이나 예술의전당 무대에 단골로 올라갔다. 기껏해야 TV 만화나 그림책으로만 접하던 피터팬을 눈앞에서 볼 수 있었으니, 아이들에게 뮤지컬 〈피터팬〉은 별천지이자 신세계였다.

⊗ 불우한 어린 시절을 이겨낸 한류스타의 원조

윤복희는 1950년대 미군들 앞에서 공연을 올리던 부길악단 '윤부길'의 딸로 태어났다. 어머니 '성경자'는 전설의 무희 최승희의 제자이기도 했던 무용가였다.

이런 환경에서 태어난 윤복희였으니, 어린 시절부터 노래와 춤은 물론 악기와 연기 등에서 탁월한 재능을 보였다.

윤복희는 네 살밖에 안 된 어린 나이에 한국전쟁 당시 미군을 위문하는 무대에 오르기도 했다. 윤복희에게 공연 무대는 숨 쉬듯 자연스러운 공간이었고, 노래와 춤은 매일 먹는 밥처럼 익숙한 것이었다.

윤복희는 아버지와 함께 '윤부길과 천재소녀 윤복희'라는 이름으로 일찍이 미8군 〈에이원쇼〉에 올라 공연을 했다. 타고난 끼 덕분에 아역 배우로 영화에도 출연했다. 하지만 그녀의 어린 시절이 순탄하지만은 않았다.

아버지 윤부길이 마약 중독으로 파탄에 이르렀고, 어머니 성경자마저 병환으로 일찍 사망했다. 아버지도 중독자의 삶을 살다 곧 죽음을 맞았다. 열네 살에 별안간 고아가 된 윤복희는 듀엣을 이뤄 활동하던 소꿉친구 '송영란'의 가정에서 더부살이를 하게 된다.

게다가 공연과 영화 오디션에도 줄줄이 낙방해 윤복희는 처량한 신세가 되어갔다. 하루 500원 벌이 밤무대에 오르는 일도 마다할 수 없는 형편이었다.

열일곱 살이 되어 서울 불광동에 방 한 칸을 마련해 독립에 성공하고, 고등학교에도 등록해 다닌다. 어린 시절부터 공연에 나서느라 정규교육을 전혀 받지 못한 게 윤복희에겐 큰 콤플렉스였다.

학교 생활과 무대 활동을 병행하다가 과로로 쓰러지는 일도 잦았다. 그렇지만 끝내 고등학교를 졸업하고 서라벌예술대학교(중앙대학교 예술대학의 전신)에 입학하는 데 성공한다.

1963년 '루이 암스트롱'의 방한 공연 무대에 올라 그의 노래를 모창해 화제가 되었다. 외국 공연 관계자의 눈에 띄는 계기였다. 이후 윤복희는 필리핀, 싱가포르를 거쳐 미국 라스베이거스 무대에도 올라 이른바 '한류의 원조'로 활동했다.

윤복희는 20대 시절을 온전히 외국에서 보냈다. 그때 경험한 외로움과 스산함이 그의 예술 세계를 지탱하는 든든한 버팀목이 되었다.

⊗ 사회적 저항으로서 미니스커트

대중에게 윤복희는 미니스커트의 상징으로 더 많이 알려져 있다. 1960년대 미국에서 귀국한 윤복희가 비행기에서 미니스커트를 입고 내려 세상 사람들을 깜짝 놀라게 했다는 사건은 윤복희를 설명하는 가장 유명한 에피소드다.

이 이야기는 반은 맞고 반은 틀렸다. 1960년대 미니스커트를 최초로 입어 화제가 되고 한국 여성 패션에 전례 없는 유행을 만들어 낸 주인공이 윤복희인 건 맞지만, 입국한 당시에 미니스커트 차림이었던 건 아니다.

당시 윤복희는 오빠 윤항기와 연락이 닿지 않아 걱정을 안고 미국에서 급히 귀국하는 통에 옷차림 따위를 신경 쓸 입장이 못 되었다. 다행히 오빠와 곧 재회하고 귀국 기념 앨범도 함께 발표하는 등 1960~1970년대 한국에서 전성기를 보냈다.

이때 주로 미니스커트를 입고 활동한 이력이 와전되어, 귀국할 때 김포공항에서 미니스커트 옷차림으로 달걀 세례를 받았다는 거짓 소문으로까지 확대된 것이다.

실제로 1960년대 윤복희의 미니스커트 패션은 난데없는 옷차림이어서 한국 사회에 큰 충격을 준 건 사실이다. 너나없이 젊은 여성들의 치마 길이가 짧아져, 경찰이 자를 들고 치마 길이를 단속했다. 무릎 위로 15cm 이상 드러나면 풍기문란으로 처벌하는 규정이 마련될 정도였다.

윤복희의 도발적인 옷차림과 유행은 독재정권마저 긴장하게 만들었다. 1960년대는 여성의 옷차림마저 단속해 억압하려는 당국의 의지와 자유로움을 추구하고 변화하려는 여성들의 저항 정신이 팽팽히 맞붙는 시기였다.

당시 독재정권은 여성의 파격적인 옷차림이 정치적 자유를 요구하는 사회적 분위기로

1960년대 파격적으로 등장한
윤복희의 미니스커트 차림

이어지는 것조차 염려하는 공포증에 걸려 있었다.

실제로 미니스커트는 단순히 여성적인 매력을 드러내는 수단이었다기보다 사회적 금기에 대한 도전이자 미래를 향한 변화에의 격렬한 의지를 드러내는 저항의 움직임이었다.

윤복희는 이때 이후 미니스커트를 즐겨 입었으며, 그 옷차림이 그녀를 상징하고 표현하는 가장 유명한 표상이 되었다. 윤복희가 당시 입은 미니스커트는 단순한 옷이 아니라 새로운 세계 그 자체였다.

⊗ 20세기 여성 대중스타의 고단한 삶

윤복희는 20세기 여성 대중스타가 대부분 그랬던 것처럼, 대중의 집요한 관심과 가혹한 방기의 반복을 경험했다. 불같이 환호했다가 냉정하게 내쳐지는 삶에 익숙해져야 했다. 두 번의 이혼 경력으로 '남성 편력' 꼬리표가 따라붙었고, 미니스커트 옷차림에 "되바라진 야한 여자"라는 낙인이 찍혔다.

어렸을 때부터 온갖 시련을 겪어 대범하고 담대했던 그녀조차도 이런 주홍글씨는 견디기 어려운 굴레였다. 공연과 노래에 몰두해보기도 하고 종교에 의탁해보기도 했지만, 근원적인 외로움과 고단함은 어쩌질 못했다.

이때 만난 노래가 〈여러분〉이었다. 이 노래는 가수 윤복희의 대표곡이자 한국가요사에 큰 획을 그은 업적이기도 하다. 〈여러분〉을 부를 때 윤복희의 목소리에선 한 인간이 세상을 살아오며 경험한

대표곡 〈여러분〉을
열창하는 윤복희의 모습

온갖 풍파의 흔적이 짙게 느껴진다. 또한 그녀의 얼굴에선 시련을 오롯이 견뎌낸 자만이 지을 수 있는 달관의 표정도 발견할 수 있다.

〈여러분〉은 타인에게 위로만을 간절하게 요구하는 노래가 아니라 내가 먼저 너의 '벗'과 '등불'이 되겠다는 다짐을 담은 노래이기도 하다. 40년이 더 지난 지금까지도 이 노래가 개인적인 내면의 고백인 동시에 이타적인 구원의 손길로 절절하게 느껴지는 이유다.

<여러분>

네가 만약 괴로울 때면
내가 위로해 줄게
네가 만약 서러울 때면
내가 눈물이 되리

어두운 밤 험한 길 걸을 때
내가 내가 내가 너의 등불이 되리
허전하고 쓸쓸할 때
내가 너의 벗 되리라

나는 너의 영원한 형제야
나는 너의 친구야
나는 너의 영원한 노래야
나는 나는 나는 나는
너의 기쁨이야

노래: 윤복희

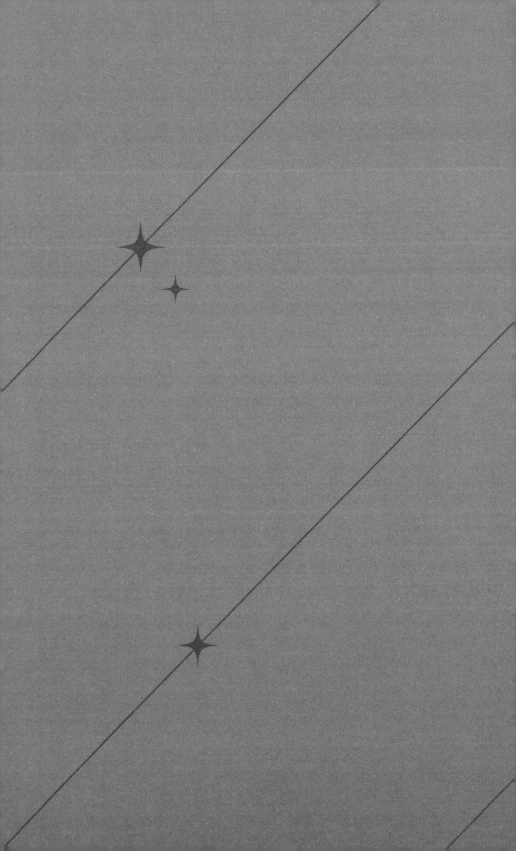

─── 2부 ───

약자들의 편에 선
친구들

김동원

조영래

최동원

정종명

함세웅

박두성

현봉학

전태일

현장을 담은 카메라,
세상을 바꾸다

한국 독립영화계의 거장,
김동원(金東元, 1955~)

⊗ 현장에서 부대끼며 만든 다큐멘터리

'거장'과 '꼰대'는 필요충분조건이 아니다. '거장'이 '꼰대'가 아니긴 쉽지 않고, 모든 '꼰대'가 '거장'일리도 만무하다. 흔히 한 분야에서 일가를 이뤄 거장으로 불리는 사람들 중엔 후배나 제자 들을 이해하지 못하는 경우가 있다.

다른 이의 솜씨가 마뜩잖거나 어떤 일이 잘 진행되지 않으면 답답함을 느끼게 마련이다. 범인(凡人)이라면 부족한 재능을 보충하려고 더 애를 써야 하는데 장인이 보기엔 그 노력 또한 대수롭지 않은 수준이다. "라떼 이즈 호스(나 때는 말이야)"나 "해보지도 않고" 같은 어른들의 '레토릭'은 자신이 어느 정도 이뤘다는 걸 과시하고 싶은 성급한 자족감의 다른 표현일지도 모른다.

한국 독립 다큐멘터리 영화계의 거장 '김동원' 감독은 잘 안 되는 어떤 일에 대해 "해봤어?"라고 되묻는 사람이 아니다. 다큐멘터리를 제작하며 느끼는 고충과 촬영·편집할 때 벌어질 수밖에 없는 좌충우돌을 마음속 깊이 이해하는 '현장의 사람'이다.

어느 다큐멘터리 영화가 그렇지 않겠냐마는 김동원은 직접 환경 속으로 들어가 사람들과 함께 먹고 자며, 말 그대로 현장에서 부대끼며 경험한 사실만을 카메라에 담는 감독으로 유명하다.

〈상계동 올림픽〉은 제24회 서울 올림픽 개최의 자랑과 보람 뒤에 감춰진 '도시 빈민'들의 고통과 상처를 날 것으로 보여주는 작품으로, 한국 다큐멘터리 역사상 손꼽히는 수작이다.

〈송환〉은 다큐멘터리의 사회적 가능성을 넘어 한국 독립영화 열풍을 불러일으킨 기념비적인 작품으로, 한국 사회에서 금기로 여겨 왔던 '비전향 장기수'들의 인권 문제를 정면으로 제기했다.

⊗ 구제불능의 '노답' 청년, 카메라를 손에 들다

매일같이 내기 당구만 치고 술에 절어 살던 청년이 있었다. 유복했던 가정 형편 덕분에 어려운 사람들이 어떻게 사는지 알 도리가 없었고, 엄혹했던 독재 시대에 대한 감각도 그저 피상적으로만 느껴졌을 뿐이었다.

어느 늦은 가을, 당구를 치다가 가진 돈을 몽땅 털리고 집으로 돌아갈 때 불어오는 찬바람을 맞으며 정신이 번쩍 든 뒤 공부를 시작해보기로 마음먹는다. 대학에 들어가 영상과 연극에 관심을 갖는다. 신문방송학 전공을 택하고 "예쁜 여학생이 많다는 소문"에 연극반에 들어갔다. 연극반 활동을 통해 그는 한 단계 성장한다. 사회를 바라보는 '삐딱한 시선'을 배웠으며, 무대 위의 표현으로 '해방의 감정'을 느낄 수 있었다. 하지만 사회를 냉소적으로 바라볼 뿐, 어떻게 살아야 할지에 대한 자기확신이 선 단계까진 아니었다.

군 제대 이후 집안의 반대를 무릅쓰고 충무로에 들어가 본격적으로 영화인의 삶을 시작한다. 영화계의 화려한 외양만 보고 일찌감치 반해버렸던 그는 상업영화계에서 보란 듯이 성공하고 싶은 욕망을 품었다.

이장호 감독 밑에서 조연출 생활을 경험한 뒤, 패기 있게 처음 써낸 시나리오가 충무로에서 냉대를 받는다. 감정의 과잉과 예술가연하는 치장이 범벅된 졸작이었다. 그는 자신이 가진 영화적 능력을 과신했음을 뼈저리게 느낀다. 이후 그는

| 김동원

뜻밖에도 상업영화 감독이 되려는 꿈을 간단하게 포기한다. 재능과
노력이 부족했음을 인정하는 데 인색하지 않았다. 극영화 감독이
되려는 목표는 금방 놓았지만 카메라까지 내려놓고 싶진 않았다.
하지만 감독이 못 된 그가 카메라로 할 수 있는 거라곤 예식장이나
돌잔치 같은 곳에서 촬영을 해주고 푼돈을 버는 일밖에 없었다.

⊗ 올림픽에 가린 도시 빈민들의 희생과 고통

미국인 '정일우(존 데일리)' 신부와의 만남은 김동원의 삶을 송두리
째 바꿔놓는다. 정 신부는 1970년대부터 '제정구'와 함께 도시빈
민운동을 시작한 성직자로, 올림픽 준비로 서울 전역이 들썩이던
1980년대 중반 무렵부터 상계동 빈민촌에 들어와 살면서 어려운
이웃의 삶을 돌보는 중이었다.

당시 상계동은 음습한 기운으로 가득한 불안한 동네였다. 지나
는 데 1분도 안 될 성화 봉송을 위해 상계동 빈민촌 40세대 200여
명이 쫓겨날 예정이었다. 다른 나라에 중계될지도 모를 방송 화면
에 서울의 가난한 풍경이 비춰지면 안 되었기 때문이다.

김동원은 정 신부에게서 상계동 주민들이 입은 피해 사실을 촬
영해달라는 부탁을 받는다. 철거반원들에게 가재도구가 파손되고
집 건물이 풍비박산 나는 모습을 재판에 활용하고자 있는 그대로
찍어달라는 것이었다. 그는 별다른 생각 없이 소일거리 삼아 일을
시작했다. 그러던 그는 아이 업은 엄마가 집을 지키기 위해 몸을 날

려 굴삭기 앞으로 뛰어드는 모습을 보고 충격을 받는다.

그날 이후 김동원은 상계동으로 들어가 3년을 지낸다. 다큐멘터리 〈상계동 올림픽〉은 그 기간 동안 상계동 주민들이 벌인 저항과 투쟁에 관한 기록이다. 그는 철거민들이 상계동에서 명동으로, 명동 성당에서 부천으로 계속 밀려가는 동안 겪은 지난한 생활과 이주의 과정을 온전히 함께했다. 집이 무너지면 천막에서 같이 살아야 했고 천막마저 빼앗기면 비닐을 덮고 잤다.

상계동 주민들의 싸움은 처절했다. 용역들에게 떠밀려 엎어지는 어머니 모습을 보고 실성한 아들의 오열을 찍어야 했고, 주민들이 수십 년 동안 사용하던 가재도구를 경찰들이 흙바닥에 팽개치는 모습도 담아야 했다. 카메라를 든 손이 덜덜 떨려 내려놓고 싶을 때가 있을 정도로 감정 조절이 안 되곤 했다. 그에게 다큐멘터리를 찍는다는 건 주인공들의 삶 가장 가까운 자리까지 진입해 그들과 고통스러운 경험을 함께 나눠야 하는 일이었다. 경찰이 찾아와 촬영을 하지 않는 게 좋겠다고 협박조로 말할 때도 두렵지 않았다. 하루만 촬영하고 돌아가려던 게 끝 모르게 이어지는 것도 상관없었다.

가장 견디기 힘든 일은 상계동 주민들 내부의 갈등이 격해질 때였다. 경찰과 용역에 의해 두들겨 맞고 쫓겨나면 함께 어깨를 두르고 견디면 되었지만, 더 이상 버티지 못하고 이탈하는 사람이 생겼을 때나 대책 회의를 하며 물컵이 날아다닐 정도로 의견 대립이 심할 땐 굳게 먹은 마음조차도 와르르 허물어지곤 했다.

〈상계동 올림픽〉은 한국 '액티비즘 다큐멘터리'의 효시로 꼽힌다. 국가 시책에 의해 소외된 빈민들의 문제를 사회화하는 데 크게 이바지했다. 상영 시간 27분에 불과한 이 영상은 대한민국 '번영'과 '영광'의 상징이었던 서울 올림픽 개최의 숨겨진 이면을 보여주는 데 있어 더할 나위 없이 생생한 '르포르타주'였다. 도시 빈민들이 저항하다가 끝내 터전을 잃고 쫓겨나는 내용이 담긴 16mm 필름을 통해, 사람들은 올림픽과 같은 국가 이벤트를 강행할 때 나타나는 부작용을 엿볼 수 있었다. 이 영상은 당시 올림픽을 반대했던 어떤 말과 글보다도 더 큰 효과를 냈다. 당시 언론에선 올림픽 개최를 환영하는 논조만 보도되는 실정이었으니, 대학이나 사회단체에선 〈상계동 올림픽〉을 몰래 돌려가며 볼 수밖에 없는 형편이었다.

영상에 대한 소문은 빠르게 퍼졌고 사람들도 상계동 철거민들에게 조금이나마 관심을 기울이기 시작했다. 올림픽이라는 화려한 이

다큐멘터리 영화
<상계동 올림픽>의 한 장면

벤트 뒤에 가려진 도시 빈민들의 '희생'과 '고통'을 더는 외면할 수 없다는 목소리가 터져 나오게 된 계기였던 셈이다.

⊗ 독립영화의 새 지평을 연 〈송환〉

〈송환〉역시 우연에 의해 시작된 결과물이다. 김동원은 1992년 '송경용' 신부의 부탁으로 출소한 비전향 장기수 '조창손'과 '김석형'을 봉천동으로 데려다주는 일을 맡았는데, 과거 간첩으로 불렸던 그들의 삶이 궁금해 출소 이후의 생활 모습을 12년 동안 카메라에 담았던 게 한 편의 영화가 되었다.

1990년대 대한민국의 민주화가 진전되며 장기수 문제가 비로소 수면 위로 떠올랐다. 2000년 6.15 남북공동선언 이후 본격적으로 이 문제를 해결하기 위한 물꼬가 트였다. 더불어 2004년 개봉한 〈송환〉 덕분에 사람들은 비전향 장기수 문제를 '이념'이 아닌 '인권'의 시각으로 바라볼 수 있게 되었다.

〈송환〉은 당시 다큐멘터리 독립영화가 거둘 수 있는 최고의 성취를 거뒀다. '총 제작 기간 12년', '녹화 테이프 500개', '촬영 분량 800시간'이 말해주듯, 웬만한 장편영화 수십 편을 만들 수 있는 노력과 시간을 들였다. 총 1만 8천여 명의 유료 관객을 모으고, 2004년 '선댄스 영화제'에서 표현의 자유상을 수상하기도 했다. 국내 다큐멘터리의 위상은 물론 한국 독립영화의 가능성을 끌어올린 수작으로 평가받는다.

간첩과 지낸 12년의 기록

한국영화 최초
선댄스 영화제 수상

송환

안녕히 다시 만나요...

Repatriation
送還

김동원 김옥작품

A- www.songwhan.com

| 다큐멘터리 영화 <송환> 포스터

〈송환〉은 단순히 30~40년간 옥살이를 견디면서까지 공산주의 이데올로기를 버리지 않은 장기수들을 영웅시하는 영화가 아니다. 친밀함을 밑바탕에 두고 김동원 개인과 인간적으로 교류를 이어간 장기수 할아버지들의 출소 이후의 삶을 담담하게 보여줄 뿐이다.

밥을 해먹고 시장에 가고 친구를 만나고 술 한잔하는 등 수십 년 옥살이 끝에 출소한 '초보 사회인'들의 소소한 생활 장면을 통해 장기수들의 인간적인 면모를 드러낸다. 이들은 '간첩'이나 '투사'가 아니라 우리 주변 어느 곳에서나 볼 수 있는 '소시민'이며, 먼저 죽은 동지들에게 미안함을 느끼고 북에 있는 가족을 그리워하는 '평범한 이웃'일 뿐이다.

하지만 김동원은 장기수들을 낭만적으로만 포장하지 않았다. 출소 이후 함께 떠난 야유회에서 〈김일성 찬가〉를 소리 높여 부르는 장면이나 남한에서 새로 만든 가족을 냉정하게 버리고 북으로의 귀환을 결단하는 장면, 북송된 할아버지들이 다시 북한의 선전 도구가 되어 김정일 체제를 찬양하는 수단으로 이용되는 장면 등에서 느껴지는 혼란을 고스란히 드러내고 있다.

결국 〈송환〉은 관객으로 하여금 우리에게 '이념'과 '체제'가 과연 무엇이었는지에 대해 다시 한번 생각해보게 만드는 계기를 제공한다. 비전향 장기수들은 20세기 냉전체제와 분단이 만들어낸 희생양일 뿐이었다. 이들의 출소와 귀환을 단순히 체제 경쟁의 결과로 보는 건 지나치게 단소하다. 이들은 새로운 시대가 해결해야 할 역사적 과제의 매듭이다. 비전향 장기수의 '송환'은 '냉전'과 '분단'이라는 해묵은 난제를 풀어나가겠다는 우리 사회의 '청산 의지'이자 실천의 '신호탄'이었던 셈이다.

⊗ 한국 다큐멘터리 영화의 거장

김동원은 〈상계동 올림픽〉 제작 이후 '푸른영상'이라는 다큐멘터리 영화 제작 공동체를 만든다. 이후 푸른영상은 한국 현대사의 중요한 사회적 기록으로 평가받는 〈행당동 사람들〉, 〈봉천동 이야기〉, 〈동강은 흐른다〉, 〈할매꽃〉, 〈강(江)의 진실〉, 〈내 친구 정일우〉 같은 다큐멘터리를 생산하는 중심 기지로 성장한다.

2022년 9월에는 푸른영상에서 제작한 김동원 감독의 다큐멘터리 영화 〈2차 송환〉이 개봉했다. 이 영화의 주인공은 1편에 해당하는 〈송환〉에도 출연한 바 있는 '김영식'이다.

김 할아버지는 〈송환〉 개봉 이후에도 고향으로 돌아가지 못한 비전향 장기수들의 조건 없는 북송을 성사시키고자 끊임없이 노력했다. 그는 남북 화해와 평화 통일을 위해 국가보안법 폐지 운동에 나서기도 했고, 6.15 남북 공동선언을 충실하게 이행하라며 광화문 광장 및 청와대 앞에서 1인 시위를 벌이기도 했다. 그를 빨갱이라고 욕하고 비난하는 수많은 사람의 따가운 시선과 손가락질이 쏟아졌지만, 그는 수십 년간 옥살이를 하느라 몸과 마음이 상할 대로 상한 채 늙고 병들어 죽음을 목전에 두고 있는 동료 비전향 장기수들의 완전한 송환을 위해 오늘도 힘차게 거리로 나선다.

〈2차 송환〉은 〈송환〉 이후에도 아직 못다 이룬 김 할아버지의 20년간의 꿈과 그 꿈을 이루기 위한 노력에 대한 기록이자, 김동원 감독과 비전향 장기수들 사이의 오랜 인연과 서로를 위하는 마음을 보여주는 영화이기도 하다.

이처럼 김동원은 다큐멘터리의 주인공들과 맺은 인연을 평생 이어가는 것으로도 유명하다. 그는 감옥에서 석방된 뒤 남한에 남기로 결정한 전향 장기수 김영식 할아버지와 계속 우정을 쌓아왔다.

김동원은 현재 한국종합예술학교에서 다큐멘터리 감독을 꿈꾸는 후학들을 양성하고 있다. 다큐멘터리 제작의 중요한 방법으로 '이론'보다 '현장'을 항상 강조한다. 수상 실적과 한국 사회에 끼친 영향 등 어느 면으로 보아도 '꼰대'가 될 자격(?)이 충분했으나, 그는 여전히 젊은 영화인들과 함께 장비를 둘러메고 가장 먼저 '현장'에 들어가길 주저하지 않는다. 그는 현장에서 쌓은 '우애'와 '경험' 이야말로 한국 다큐멘터리를 진일보시킬 가장 강한 힘이라는 사실을 지금까지도 믿고 있다.

억압받던 민주 시민들의 든든한 친구

약자들의 편에 선 늦깎이 인권 변호사,
조영래(趙英來, 1947~1990)

"법은 멀고 주먹은 가깝다말이 생활의 지혜처럼 통용되던 때가 있었다. 우리는 그 시절을 흔히 '나쁜 놈들의 전성시대'라고 하거나 '폭력의 세기'라고도 부른다. 지난 수십 년간 대한민국 사회가 그랬다.

법치의 근간은 누구나 억울하고 분한 일이 없도록 법률이 사회와 그 구성원을 보호하는 것이지만, 사회적 약자들에게 법은 무섭고 어렵고 멀리 있는 것이기만 했다. 음습한 사회일수록 법은 강자의 '장난감'이거나 시민들을 억압하는 '몽둥이'로 사용되었다.

1970년 11월 13일 동대문 평화시장에서 '전태일'이 "노동자는 기계가 아니다"라고 외치며 분신한 사건은 한국 민주화 운동과 노동자 대투쟁의 서막을 열어젖힌 중요한 기폭제였다.

그가 남긴 일기 중엔 근로기준법을 함께 읽고 해설해줄 수 있는 대학생 친구가 하나만 꼭 있었으면 좋겠다는 문장이 있다. 그가 자신의 몸을 불살라가며 호소한 주장은 실상 이미 노동자들을 위해 마련된 최소한의 법적 권리였을 뿐이었다. 훗날 죽은 전태일에게 늦게나마 대학생 친구가 되어준 이가 있다. 바로 『전태일 평전』을 쓴 인권 변호사 '조영래'였다.

⊗ 전태일의 죽음이 바꿔놓은 삶

전태일의 분신 이후 한국 사회는 큰 충격을 받았다. 반독재 민주화 투쟁의 선봉에 나섰던 엘리트 대학생들도 놀라긴 마찬가지였다. 노동자들의 엄혹한 조건과 열악한 처지에 대한 이해가 피상적이었다는 공감대가 형성되었다.

당시 서울대학교 법대에서 '한일협정 반대'와 '3선 개헌 반대' 등 학생 운동을 이끌고 있던 조영래는 전태일의 시신을 수습해 장례를 치러준다. 그는 공안정국의 주요 표적으로 경찰 수배 중인 상황이었지만, 검거의 위험을 무릅쓰고 전태일의 마지막을 직접 배웅했다.

어떤 이의 기억 속엔 전태일의 죽음이 화인(火印)처럼 남아 있을지 모르나 그 밖에 많은 사람은 전태일의 이름을 금세 머릿속에서 지웠다. 그의 죽음을 추모하는 민주 시민의 마음이야 한결같았겠지만 당대를 살아가는 소시민들의 삶 역시 녹록지 않았기 때문이다.

고귀한 희생을 기리는 것보다 하루 세 끼니를 챙기기가 더 빠듯했다. 가난한 자들에게 일상의 힘은 그 무엇보다 강하다는 사실을 우리는 잘 알고 있다.

이듬해 4월 〈동아일보〉 '독자투고'란에는 전태일의 죽음에 냉담한 사회 분위기를 비판하고 시민들의 각성을 호소하는 글 한 편이 실린다. 매서운 질책이었다. 전태일이 희생한 뒤에도 노동자의 삶이 바뀌지 않는 현실에 답답해하던 조영래는 그 글을 읽고 깊이 감동받는다.

글쓴이를 수소문해 보니 이화여자대학교 학생 '이옥경'이었다. 그는 그녀를 직접 찾아가 만난다. 훗날 이옥경은 인권 변호사로 활동하는 조영래의 가장 든든한 조력자이자 반려자가 된다.

조영래는 1947년 대구에서 태어났다. 워낙 공부를 잘해 중학교 졸업 이후 서울의 명문 경기고등학교로 진학한다. 가난한 집안의 장남이었기에 가정을 돌봐야 한다는 책임감이 강했으나, 사회 문제도 외면하지 않았다.

고등학교 시절 한일회담에 반대하는 시위에 참여했다는 이유로 정학 처분을 받기도 했다. 그럼에도 당대의 수재들이 모두 모인다는 서울대학교 법대에 수석으로 합격했다. "그냥 합격이면 합격이지 톱(Top)은 무슨 톱입니까?" 수석 합격자를 취재하려고 모여든 기자들에게 그가 남긴 한마디였다.

| '부천경찰서 성고문 사건'의 피해자 권인숙을 변호하던 조영래

서울대학교 법대 시절 그는 이름난 학생 운동 리더로 성장한다. '김근태', '손학규', '장기표' 등이 그와 생사고락을 함께한 인물들이다. 이들 모두는 익히 알다시피 현대사의 주역이 되었다.

조영래는 법대 대학원에 들어간 뒤 곧 사법시험에 합격했지만, '서울대생 내란음모 사건'에 연루되어 구속 수감된다. 당연히 연수원 과정은 마치지 못한다. 이후 '민청학련 사건'의 가담자로 수배되어 장장 6년 동안 도피 생활을 한다.

이 시절 조영래는 수배를 피해 숨어 지내며 『전태일 평전』을 쓴다. 친구 장기표가 전태일의 어머니 '이소선' 여사로부터 받은 열사의 일기장과 수첩 등속을 그에게 전해줬다. 운동권 내부에서도 문장력이 좋아 시국 선언문을 도맡아 작성하다시피 했던 조영래는 전태일의 짧은 생애를 기록하기로 마음먹는다.

하지만 조각 글만 가지고 전태일의 삶을 재구성하는 일은 쉽지 않았다. 청계천으로 들어가 전태일의 동료들과 만나봤으나, 그들은 조영래를 쉽사리 반기지 않았다.

6년이나 이어진 전태일을 향한 진심과 변함없는 의지에 감동받은 피복노동자들은 그에게 차츰 마음을 열었고, 그 덕에 평전의 불완전한 부분을 보충할 수 있었다.

평전을 어렵게 완성했지만 안타깝게도 한국에서 발표할 수 없었다. 검열 때문이었다. 이 책은 1978년『불이여, 나를 감싸 안아라』라는 제목으로 일본에서 먼저 출판되었고, 1983년에야 비로소 '전태일기념관건립위원회'라는 이름으로 한국에서 출판할 수 있었다.

제목을『전태일 평전』으로 붙이고 부제는 '어느 청년노동자의 삶과 죽음'으로 달았다. 하지만 평전을 쓴 조영래는 자신의 이름을 드러낼 수 없었다. 신원이 드러나면 곧장 처벌될 게 분명하기도 했지만, '전태일'이라는 고귀한 이름 앞에 자신을 내세우고 싶지 않았기 때문이기도 했다.

출간 직후 평전은 판매 금지 조치를 당했지만, 지하 경로를 통해 많은 이가 돌려가며 읽었다. 책을 발행한 출판사 '돌베개'에 따르면 당시 30만 부를 찍었다고 한다.

⊗ 올바르게 사는 사람들의 곁과 편

유신정권이 끝난 뒤, 조영래에 대한 사면과 복권도 함께 이뤄졌다. 오랜 도피 생활을 끝내고 드디어 사법연수원에 들어갈 수 있게 되었다. 그때 함께 교육받은 연수원 동기가 '문재인'과 '박원순'이다.

연수원을 수료하고 곧장 개업해 '늦깎이 변호사'가 된 뒤 본격적으로 인권 변호사 생활을 시작한다. 1983년엔 '시민공익 법률상담소'를 열어 가난하고 힘없는 사람들을 위한 변호 활동에 나선다.

곧 조영래는 우리나라 최초의 집단소송으로 불리는 '망원동 수재사건'을 맡는다. 1984년 홍수로 망원동 주민 5천여 가구가 침수당하는 피해를 입는다. 그때까지만 해도 홍수나 가뭄은 천재지변으로 취급되어 '나라님'도 어쩔 수 없다는 인식이 강했다. 하지만 조영래는 망원동 주민들의 가옥 침수 원인을 명백한 인재라고 봤다.

망원유수지의 시설을 제대로 관리하고 운용하지 못한 서울시의 책임을 지적했고, 유수지를 지을 당시 대기업 건설사의 부실공사 혐의도 적발해냈다. 그는 수해로 생활이 막막해진 망원동 주민들을 설득해 소송에 나설 것을 촉구했다. 그의 끈질긴 요청 끝에 소송이 시작되었지만 주민들은 반신반의할 수밖에 없었다. '서울시'와 '현대건설'을 상대로 소송하는 일이 쉬울 리 없었기 때문이다.

막대한 비용으로 고용된 전관 출신 거물급 변호사들이 떼를 지어 조영래의 상대로 등장했다. 그럼에도 그는 굴하지 않고 6년간 이어진 소송 기간 동안 과학적이고 치밀한 변론을 앞세워 결국 최종

명동에서 열린
'부천경찰서 성고문 사건'
항의시위(1985년 7월 19일)

승소한다. 재해를 입은 주민들이 단체로 나서서 방만한 정부와 부도덕한 기업에 책임을 묻고 보상 판결을 받아낸 최초의 사례였다.

조영래가 맡았던 사건 중 1986년 '부천경찰서 성고문 사건' 역시 주목할 만하다. "권양. 우리가 그 이름을 부르기를 삼가지 않으면 안 되게 된 이 사람은 누구인가? 온 국민이 그 이름은 모르는 채 그 성만으로 알고 있는 이름 없는 유명 인사, 얼굴 없는 우상이 되어버린 이 처녀는 누구인가. 온 국민의 가슴속 깊은 곳에 은밀하고 고귀한 희망으로 자리 잡은 우리의 권양은 즉각 석방되어야 합니다." 부천경찰서 성고문 사건 피해자 여대생 '권인숙'의 재판정에서 변론을 시작하며 조영래가 한 말이다.

그는 이 사건을 맡아 국가를 상대로 길고 긴 법정 투쟁을 벌여가며 공안정권의 실체를 폭로했다. 당국은 이 사건을 은폐하고 고문 경찰관을 무죄로 풀어주려 했으나, 끝까지 포기하지 않은 조영래에 의해 결국 가해자 '문귀동'은 5년 징역형을 받는다.

이밖에도 조영래는 국가와 자본에 의해 침해당한 약자들의 권리를 되찾기 위한 수많은 소송에 나섰다.

여성은 결혼하면 회사를 그만둘 사람이라는 이유만으로 남성에 비해 정년 연한을 터무니없이 낮춰(남자 60세, 여자 25세) 조기 퇴직 시키거나 퇴직금을 적게 계상하는 관행에 철퇴를 내린 '여성 조기 정년제 철폐 사건'도 있다.

또 전두환 정권이 언론사를 직접적으로 통제하고 입맛에 맞는 기사만 내게 지시했다는 사실을 〈경향신문〉 기자가 월간 〈말〉지에 폭로해 문제가 되었던 '보도지침 사건'도 맡았다.

'상봉동 연탄공장 진폐증 보상 사건', '대우어패럴 노조 사건' 등도 그가 맡았던 대표적 소송이다.

그는 독재정권하에서 눈치껏 살고 자기보신하는 게 최고라는 '세상의 이치(?)'에 정면으로 반기를 든 변호사였다. 올바르게 사는 이에게도 '곁'과 '편'이 있다는 걸 보여준 친구 같은 법조인이었다.

'보도지침 사건' 최종 재판에서 정부의 부당한 지침을 폭로한 기자들에게 무죄 판결이 내려진 뒤 기뻐하는 변호인단의 모습 (왼쪽에서 세 번째가 조영래)

⊗ '또라이 변호사' vs. '인권 변호사'

조영래는 1987년 6월 민주화 항쟁의 도화선이 되었던 '박종철 고문치사 사건'에도 참여해 군사독재정권이 무너지는 데 일조했다. 한편 그는 「대한변호사협회 인권보고서」 발간도 준비 중이었다. 당시는 대한변협 사무실까지 '안기부'나 '보안사' 요원 들이 제멋대로 출입하던 시절이라 보고서조차 은밀히 쓰고 준비해야만 했다.

보고서가 인쇄에 들어가기 직전 그는 보고서의 후기를 고쳐 썼다. "우리의 인권보고서는 할 말을 잃었다. 다만 치 떨리는 분노로 이렇게 외칠 따름이다. 박종철을 살려내라고."

그의 헌신과 노력으로 한국의 민주화와 노동 개혁, 성별 평등은 조금씩 진전되었다. 하지만 그는 너무나 일찍 허망하게 죽고 만다. 1990년 12월 12일, 폐암으로 사망한 것이다. 겨우 마흔셋의 나이였다. 술은 마시지 않았지만, 하루에 몇 갑이고 손에 잡히는 대로 담배를 피웠기 때문이라는 말이 돌았다.

그가 『전태일 평전』의 실제 집필자라는 사실이 세상에 드러난 것도 죽기 바로 직전에야 비로소 세상에 이름을 밝히는 걸 허락했기 때문이었다.

그의 묘소는 경기도 남양주 모란공원에 있다. 그곳은 한국의 민주화 운동가들이 많이 안장되어 있어 '민주 성지'로도 불린다. 전태일도 그곳에 묻혀 있다.

사실 조영래를 '인권 변호사'라고 부를 수 있게 된 건 그가 죽은 뒤 한참이 지나고 나서다. 그가 활동할 1970~1980년대 당시엔 '인권 변호사'라는 말도 생소했고 '인권'의 개념이 확립된 때도 아니었다.

그는 군사정권하의 검찰과 경찰에겐 천둥벌거숭이처럼 날뛰는 '또라이 변호사'였을 뿐이다. 하지만 물불 가리지 않는 성미와 철두철미했던 변론 덕분에 서슬 퍼런 독재정권하에서 법의 가치와 의미가 조금이나마 온전하게 살아날 수 있었다.

그보다 한참 나이 어렸던 사법연수원 동기들은 인권 변호사 경력을 발판 삼아 '대통령'도 되고 '시장'도 되었다. 그의 단명(短命)이 더 아쉽게 느껴지는 대목이다.

한편 그와 학생 운동을 함께했던 이들 중엔 현실 정치의 장에서 망가지고 수모를 겪은 뒤 끝내 퇴장한 이들도 많다. 이런 쓸쓸한 과정을 지켜보자면 아름다운 이름으로 영원히 남게 된 조영래가 다행스럽기도 하다.

불의와 횡포에 맞선
무쇠팔 투수의 돌직구

한국 야구계의 영원한 불꽃,
최동원(崔東原, 1958~2011)

⊗ "동원아, 우짜노 여까지 왔는데"

한국프로야구 40년사를 통틀어 손꼽는 불멸의 기록 몇 가지. 장명부의 30승, 백인천의 4할, 선동렬의 0점대 평균자책점, 그리고 최동원의 한국시리즈 4승. 지난 40년 동안 한 번밖에 없었고 앞으로도 좀처럼 달성하기 어려워 보이는 대표적인 기록들이다.

체계적인 분업화와 선수 보호를 중요하게 여기는 현대야구에선 특히 그렇다. 혹사를 전제로만 성립될 수 있는 이 지표들은 어찌 보면 프로야구의 발전을 위해 다시 나와선 안 될 기록들이기도 하다.

한편 이 기록들은 프로야구 초창기 선수들의 실력 차가 컸을 때,

특출난 선수들 몇몇이 개인의 능력을 극단적으로 발휘해 만들었다. '에이스' 선수를 갈아 넣어 치르는 '연투'나 '몰빵' 승부를 당연시하는 당시 분위기를 짐작해볼 수 있겠다.

1984년 한국프로야구 한국시리즈 7차전. 롯데 강병철 감독은 '최동원'이 마운드에 오르기 전 다가가 말을 건넨다. "동원아, 우짜노 여까지 왔는데." 이미 혼자서 앞선 네 경기를 책임지고도 마지막 경기에 또 등판할 수밖에 없는 상황에 대한 미안한 마음을 담은 표현이었다. "알겠심더, 마 한 해보입시더."

최동원은 롯데 자이언츠의 에이스로서 삼성 라이온즈와 맞붙은 한국시리즈에서 다섯 경기에 등판해 4승 1패를 기록했다. 삼성은 '원투 펀치' 김일융과 김시진이 번갈아 나오면 되었지만, 롯데는 최동원 하나뿐이었다.

1차전 완봉승, 3차전 완투승, 5차전 완투패에 이어 6차전에선 5회부터 구원 등판해 구원승, 그리고 마지막 7차전에서 완투승. 한

전무후무
혼자서 4승을
모두 책임지며 1984년
한국시리즈 우승을
확정한 직후의 최동원

국시리즈와 같은 단기전에서 한 투수가 다섯 번 출전한 것도 기가 막힌 일인데, 혼자서 4승을 책임지고 우승까지 이뤄낸 것이다.

최동원은 그해 정규 시즌에서 이미 MVP를 받은 상황이라 겹치기를 배제한다는 이유로 1984년 한국시리즈 MVP는 받지 못했다. 한국시리즈 내내 빈타에 허덕였지만, 7차전 역전 홈런을 날린 롯데 자이언츠의 유두열이 MVP를 받았다.

⊗ "1승 1무 1패", 라이벌 선동렬과의 명불허전 대결

최동원은 한국프로야구가 출범하기 전부터 실업야구에서 '언터처블'로 불릴 정도로 실력이 대단한 선수였다. 1982년 프로야구가 시작되었을 때도 최고 투수 대접을 받았다. 그가 남긴 1984년 한 시즌 223개 탈삼진은 아직까지도 깨지지 않는 대기록이다.

선수 생활 중 후배 선동렬과 맞붙은 세 번의 대결은 한국야구사에 기록될 전설로 평가받는다. 경남고등학교, 연세대학교를 나와 부산에 연고를 둔 제과회사 롯데 자이언츠의 수호신이었던 최동원과 광주제일고등학교, 고려대학교를 졸업하고 광주에 둥지를 튼 제과회사 해태 타이거즈의 간판이었던 선동렬 간의 선발 대결이었으니, 전국 야구팬들의 이목이 집중될 수밖에 없었다.

그전까지 서로 1승씩을 주고받았던 둘은 1987년 5월 16일 나란히 선발투수로 사직운동장 마운드를 밟는다. 초반 난조를 보인 선동열이 먼저 2점을 내줬지만, 곧 해태 타선도 최동원에게 2점을

1987년의
선동렬과 최동원

얻어낸다. 약속이나 한 듯 이후 둘은 더 이상 점수를 내주지 않았다. 이날 희대의 명승부는 선동렬이 15회 말 롯데 타자 세 명을 내리 삼진으로 잡아내는 것으로 막을 내렸다. 둘 다 15회 연장까지 완투했고 각각 200개가 넘는 공을 뿌렸다. 장엄하기까지 한 승부였다.

결국 이 둘 사이의 통산 전적은 1승 1무 1패로 마무리된다. 최동원과 선동렬의 세 번 대결은 〈퍼펙트 게임〉이라는 영화로 만들어졌다. 불세출의 두 선수가 벌인 그야말로 명불허전 투수전을 소재로 삼은 영화다.

⊗ 어려운 선수 돕고자 '선수협' 창설 앞장서

최동원은 야구만 잘하는 선수가 아니었다. 선수들의 권리와 존엄을 지키고자 누구보다 앞장서 노력한 활동가이기도 했다. 당시 한국프로야구계는 선수 스스로를 보호할 수 있는 제도와 인식 모두 앙상한 수준이었다. 그가 프로야구 선수들의 노동조합에 해당하는 '선수협의회'를 만들려고 했을 때, 동료들은 그게 어떤 의미인지조차 알지 못할 정도였다.

당시 선수들은 자신들을 보호할 최소한의 장치나 기구도 갖추지 못하고 있었기 때문에, 선수 개인은 구단의 소모품에 지나지 않았다. 해마다 치러지는 구단과의 연봉 협상도 말이 협상이지 일방적인 통보나 마찬가지였고, 구단의 통보에 응하지 않는 선수는 미운털이 박혀 선수 생명이 끝나는 일도 부지기수였다.

구단이 일방적으로 정한 고과 기준에 따라 터무니없이 후려쳐 결정한 연봉에 만족하지 못하는 선수들이 대부분이었지만, 선수 생활을 지속하기 위해선 억울함을 참는 방법밖에 없었다.

그런데 당시 최고 연봉을 받던 최동원이 먼저 나서서 '선수협'을 창설하기로 마음먹은 것이다. 본인은 한 해 연봉으로 강남 아파트 한 채를 살 수 있는 수준의 최고 대우를 받는 사람이었지만, 다른 선수들의 박봉과 열악한 처우를 외면할 수 없었다. 선수협을 만든다는 소문이 돌았을 때, 구단에선 선수협에 참여하는 선수들은 경기에 뛸 수 없게 하겠다고 엄포를 놓았다.

그럼에도 최동원은 굴하지 않았다. 다른 선수들이 위축되고 겁을 먹을 때 선수협 회장직을 맡겠다고 나선 이도 그였다. "누군가가 앞장서서 해야 할 일을 한 것뿐입니다. 사실 제 생각만 한다면 선수협 만들 일 없습니다. 어려운 동료, 불우한 후배들을 돕자는 취지에서 저같이 연봉 많이 받고 여유 있는 선수들이 앞장선 거죠."

감투에 욕심을 낸 게 아니라 자신이 앞장서야만 다른 선수들이 피해 보지 않고 선수협 설립에 성공할 수 있겠다고 생각했기 때문이었다.

최동원이 선수협을 만드는 데 앞장선 걸 두고, 그가 불의와 타협하지 않는 반골(反骨)이기 때문에 가능했다는 평가가 있다. 실제로 그는 연봉 협상 과정에서 구단의 부당한 처우에 처음으로 맞서 싸운 선수이기도 했다. 그러다 이듬해 전반기 경기 전체가 끝날 때까지 팀에 합류하지 못하는 보복을 당하기도 했다.

하지만 그가 선수협을 만든 건 외골수이며 강골인 그의 성격에서 기인한 거라기보다 동료 선수들이 겪는 어려움과 고난에 대한 공감 능력이 있었기 때문이라고 보는 게 맞다.

당시 타 구단의 동료가 비시즌 기간 교통사고를 당했을 때 구단이나 협회가 전혀 지원하거나 보호하지 않는 걸 보고 그는 크게 분노했다. 선수들의 입장과 처지를 대변할 단체가 없기 때문에 구단과 협회의 부당한 대우에 속수무책일 수밖에 없는 현실을 바꿔야 한다고 결심했다.

누구도 선수들의 권리를 보장해주지 않으면 스스로 보장받기 위한 장치를 마련해야겠다는 생각에 이른 것이다. 선수협을 만들어 상조 지원 같은 것도 하고 구단의 횡포에 맞서 함께 대응하면 선수

개인의 삶도 개선될 것으로 봤다.

1988년 9월 30일, 계룡산에서 선수협 성립을 선언하는 대의원 총회가 처음으로 개최되었다. 하지만 각 구단은 그야말로 온갖 수단을 동원해 선수협 창설을 방해했다. 심지어 가족을 동원해 선수들이 총회에 가지 못하도록 발을 묶었다. 정족수는 미달했고 선수협 결성 시도는 끝내 무산되었다. 결국 선수협은 그로부터 12년이 지난 뒤에야 만들어질 수 있었다.

실패의 대가는 가혹했다. 선수협 결성을 주도했던 최동원은 롯데 자이언츠 유니폼을 벗어야 했다. 삼성 라이온즈로의 트레이드가 단행되었다. 징계성 이적이었다. 최동원은 구단의 부당한 처사에 저항했으나, 프로선수가 구단의 이적 명령을 따르지 않을 도리가 없었다.

원하지 않던 이적이었으니 힘이 날 리 없었다. 그는 삼성에서 잠깐 선수 생활을 이어가다 곧 글러브를 벗었다. 한국야구사의 한 페이지를 장식한 영웅의 퇴장치곤 너무나 초라하고 외로운 은퇴였다.

⊗ 지역 감정과 야합 정치에 맞서 싸운 정치 신인

최동원은 야구계 내부의 악습과 고질적 관행을 깨뜨리고자 노력한 선수이기도 했다. 그렇게 야구를 잘하는 선수였지만, 고등학교와 대학교 코치와 선배 들에게 사사건건 얻어맞기 일쑤였다.

최동원은 연세대 야구부 시절 일주일이 멀다 하고 벌어지는 선배들의 매타작을 견디다 못해 도망하기도 했다. 몽둥이로 얼마나 심하게 얻어맞았는지, 허리를 크게 다쳐 병원 신세를 지기도 했다. 그때 허리를 다치지 않았다면, 그가 더 대단한 선수로 성장했을지도 모를 일이다.

관행처럼 이어져 오던 선배들의 폭력을 더는 참을 수 없었던 그는 학교에 정식으로 야구부 폭력 문제를 제기했다. 문제가 해결되지 않으면 학교를 떠나겠다고 선언했다. 결국 학교와 선수가 상호 사과하는 방식으로 흐지부지 마무리되었지만, 운동부 내부의 폭력 사태를 전면에 드러낸 거의 최초의 사례였다.

프로야구 선수 생활 내내 그는 악습과 병폐를 없애고자 솔선수범했고, 연차 높은 선배가 되었을 때와 지도자 생활을 할 때도 후배와 제자들을 격의 없이 대했다.

한 번은 이런 일도 있었다. 〈부산일보〉가 정부의 보도지침을 따르지 않고 시민들의 민주화 요구를 담은 기사를 냈다가 제재를 받자 기자와 직원 들이 파업 시위를 할 때였다. 선수들 중에선 아무도 나서는 이가 없었는데, 구단의 간판선수인 최동원이 시위 현장에 불쑥 찾아가 그들을 위로하곤 100만 원이 든 봉투를 선뜻 내려놓고 왔다고 한다. 당시 100만 원은 평범한 회사원 여섯 달 치 월급에 해당할 정도로 큰돈이었다.

또 언젠가는 부산 사직구장 앞에서 시민과 대학생 들이 군사독재에 항의하는 시위를 할 때였다. 시위대의 제일 앞자리에서 경찰

과 대치하는 시민 무리에 롯데
야구점퍼를 입은 야구선수가
하나 있었는데, 최동원이었다.
급박한 상황에서도 사람들은
최동원이 데모를 하는 모습을
신기해했고, 그에게 최동원이
맞냐고 무수히 물어봤다. "예,
맞습니다. 어예 밀어부칩시더."

이렇듯 최동원은 야구만 잘

| 최동원 민주당 후보 선거 벽보

하면 된다고 생각하는 고립된
사고방식의 운동선수가 아니었다.

사회 문제에도 관심을 갖고 있었는데, 특히 민주화에의 열망이
깊었다. 그 시절 최동원의 성품과 기질은 널리 알려져, 민주화 투쟁
을 주도하던 재야 정치인 중에도 그의 팬이 많았을 정도였다.

경남 지역 출신의 민주 진영 대표 정치인 김영삼과의 인연도 그
렇게 맺어졌다. 김영삼은 최동원의 정치적 후견인 역할을 자처했다.
하지만 최동원은 '민주투사 김영삼'은 존경했지만 '3당 야합 김영
삼'은 경멸했다.

프로야구 선수 생활을 은퇴한 이후 현실 정치 무대에 등장할 때
도, 그는 부산 지역에서 외면받던 야당인 민주당 간판을 달고 선거
에 나왔다. 김영삼 총재의 민자당에서 먼저 구애했지만 받아들이지

않았다. 지역 감정이 극심하던 1991년 부산의 맹주 김영삼의 손을 뿌리치고 보란 듯이 김영삼의 전(前) 지역구에서 "전라도당"이라고 불린 민주당 후보로 출마했으니, 열세와 고전은 당연한 수순이었다.

"룰과 규칙의 중요성이 잘 드러나는 게 운동이다. 룰과 규칙이 존중되는 정치 구조를 만들겠다." 당시 최동원이 내세운 출마의 변이다. '건강한 사회를 향한 새정치의 강속구'란 슬로건을 내걸고 선거에 임했지만, 37.8%의 표를 얻어 아쉽게 2위로 낙선하고 만다. 부산에서 민주당 후보 중에서 35% 이상의 득표율을 기록한 건 최동원이 유일했다.

그가 그때 눈 한 번 딱 감고 김영삼의 민자당 영입에 응했다면 의원 한 번 하는 게 어려운 일은 아니었을지도 모른다. 하지만 그는 "쩨쩨하게 군사독재정권의 후예들과 결탁한 세력과는 타협하지 않겠다"라며 정의로운 길을 걸었다. 그가 생각하는 정치와 민주주의에 대한 상이 그만큼 올곧았기 때문이다.

⊗ 풍운아 최동원의 얄궂은 운명과 투병 생활

최동원은 선수 생활을 은퇴한 후 방송 활동에 뛰어들었다. 지금이야 운동선수 출신 스타들의 연예 활동이 흔한 일이지만, 그때만 해도 운동선수가 TV 예능 프로그램에 출연하는 건 낯설었다. 현역 시절 카리스마 넘치던 한국 최고의 투수가 구수한 사투리를 쓰며 넉살 좋게 방송하는 모습을 사람들은 신기하게 지켜봤다.

154

2011년 7월 22일 목동야구장에서
경남고와 군산상고 출신 선수들로 팀을 구성해
'프로야구 레전드 리매치' 경기가 열렸다.
경남고 출신 레전드로 출전한 말년의 최동원.
병치레를 하느라 부쩍 야윈 모습이 눈에 띈다.

　하지만 그의 연예인 변신을 볼썽사납게 바라보는 보수적인 시각
도 만만찮았다. 야구계의 망신이라는 것이었다. 어느 자리에서나 사
랑과 미움을 동시에 받았던 풍운아 최동원의 얄궂은 운명이었다.

　방송 생활을 접고 다시 야구계로 돌아갔으나 끝내 고향 팀에서
지도자 생활을 하지 못했다. 팬들에겐 불멸의 투수로 각인되어 있
지만 고지식한 구단은 여전히 그를 받아들이지 않았다.

　우여곡절 끝에 다른 팀에서 지도자 생활을 하던 그는 50대에 접
어들자 병색이 완연해진다. 대장암에 걸렸다는 소문이 돌았다. 해가
다르게 야위어 가는 그를 걱정하는 사람들이 늘어났다.

　그는 감독직을 내려놓고 두문불출하는 길을 택한다. 사람들에게
자신의 투병 모습을 보여주고 싶지 않았기 때문이다. 병세도 그의

꼬장꼬장한 자존심을 꺾지 못했다.

말년에 생활고도 겪고 몸도 많이 상했지만, 그는 자신의 처량한 신세를 끝내 세상 사람들에게 드러내지 않았다. 심지어 죽기 몇 달 전 언론에 노출된 쇠약해진 모습이 담긴 사진도 체중 관리를 위해 단식 중이기 때문이라고 둘러댈 정도였다.

무쇠팔 최동원은 쉰넷의 나이에 대장암으로 세상을 떠났다. 많은 야구인과 팬 들이 장례식장을 찾았다. 그의 어머니가 조문객을 맞았다. 불꽃 같은 대결을 펼쳤던 선동렬이 장례식장을 찾았을 때, 어머니는 그를 껴안고 오래도록 울었다.

겸양의 표현이긴 하겠지만, 한국프로야구 역대 최고 투수로 인정받는 선동렬은 최동원에 대해 이렇게 평가했다. "최동원 선수는 아니 선배는, 선수로서 결코 나의 라이벌이 아니었다. 롤모델이었다. 나의 우상이었다. 인간적으로는 따뜻한 선배이자 형이었다."

최동원과 동시대에 활동하며 단일 시즌 22연승이라는 믿기지 않는 기록을 남긴 OB 베어스의 투수 박철순 역시 "최동원과 나는 하늘과 땅 차이, 당연히 최동원이 하늘"이라며 "요즘 같으면 최동원 같은 투수는 한국에 없죠, 일본이나 메이저리그 벌써 갔지"라고 회고하기도 했다.

세상에 뛰어난 야구선수는 많다. 그러나 최동원만큼 매력적인 승부를 보여주고 야구계의 불의와 횡포에 당당히 맞서 싸운 선수는 찾기 쉽지 않다.

가난한 여성도 배워야 한다

조선 여자고학생들의 큰언니,
정종명(鄭鍾鳴, 1896~?)

⊗ 배운 여자는 골칫덩이?!

'찌질'의 역사는 장구하다. 부끄럽지만, 유사 이래 많이 배우고 많이 가지고 많이 힘센 '남자'들이 보여준 구차한 사례들은 손으로 꼽을 수 없을 만큼 다채롭다.

남성들은 '정치'를 지휘하고 '권력'을 독점하며 '종교'를 발판삼아 여성들을 억압했다. 근대 사회에 접어들며 '자유'와 '평등'의 가치가 확산되고 '교양'과 '지식'을 습득할 기회가 늘어나면서 이런 부당한 처사는 점차 줄어들 줄 알았다.

하지만 웬걸, 20세기 들어서도 여전히 '교육'의 기회는 남성들에

게만 주어졌다. 여성전문학교가 하나둘 생겨났지만 극소수였을 뿐, '배운 여자'는 세상의 '눈요깃거리' 혹은 '골칫덩어리' 취급받았다.

20세기 초반 조선의 여성들은 여전히 폐색된 유교 인습과 가부장 질서에 가로 눌렸다. 세상은 빠르게 바뀌고 있는데도 전근대적 습속의 반복을 강요받을 뿐, 새로운 '앎'을 접할 기회는 얻을 수 없었다.

당시 여성들에겐 글을 읽고 쓸 줄 아는 것만 해도 호사였고 인간으로서의 권리를 주장한다는 건 언감생심이었다. 더욱이 가난한 여성들에게 학교는 아주 먼 세계였다.

빈가(貧家)의 젊은 여성들은 가족들을 위해 가장 먼저 희생해야하는 '딸'이었고, 남자 형제를 위해 누구보다 꿈을 빨리 포기해야 하는 '누이'였다.

그럼에도 배움의 열정을 버리지 않은 여성들이 있었다. 우리는 그들을 '여자고학생(女子苦學生)'이라고 부른다. 여자고학생들은 거친 노동을 하면서 가정도 돌봐야 했다. 또한 그들은 한 푼을 아껴야만 겨우 연필을 살 수 있었고, 책을 사기 위해서는 밥을 굶어야만 했다.

⊗ 가난해도 포기할 수 없었던 배움을 향한 열정

'정종명'은 식민지 조선 여자고학생들의 큰언니였다. 평생을 가정형편이 어려운 여성들에게 용기와 희망을 주고자 노력했다. 가난한 여학생들의 처지를 깊이 이해하고 그들의 사연에 누구보다 절절하게 공감했다. 그녀 역시 빈궁한 가정에서 태어나 공부를 중단할 수밖에 없었던 경험이 있었기 때문이다.

어린 시절 돈을 벌어오겠다며 러시아로 떠난 아버지는 오랫동안 소식이 없었다. 어머니는 혼자 힘으로 남겨진 가족을 책임져야 했다. 너무 가난해 옷도 제대로 입지 못했으나 감리교 전도사를 할 정도로 기독 사상에 깊이 빠진 어머니는 딸에게만은 신식 교육의 혜택을 입게 해주고 싶었다.

그녀는 어렵게 배화여자학당에 들어갔으나 몇 년 지나지 않아 그만둘 수밖에 없었다. 학비를 낼 수 없었기 때문이다. 학교를 중퇴한 뒤 17세 되던 해 대한병원 통역관 남편과 결혼식을 올렸다. 원하는 결혼은 아니었으나, 당시 가난하고 배우지 못한 젊은 여성이 할 수 있는 일이라곤 누군가의 아내가 되는 길밖에 없었다.

결혼 생활은 순탄치 않았다. 태생적으로 선병질이었던 남편은 결혼한 지 2년도 안 되어 병세가 나빠져 죽고 말았다. 시댁에서 쫓겨나다시피 한 그녀는 갈 곳이 없었다. 겨우 열아홉 살 때의 일이다.

정종명은 어렵사리 세브란스병원 간호부 학교에 들어갔다. 부인과(婦人科)에 입학해 공부하고 조산사 자격을 얻어 졸업했다. 이때 사회주의 사상을 처음 접해 깊이 빠져들었다.

빈부격차와 불평등 같은 사회구조적 모순에 대해 생각하기 시작했다. 식민지 조선에선 가난하고 배우지 못한 여성들이 사회 불평

등과 계급 모순의 가장 큰 피해자요 희생자라는 사실을 자각할 수 있었다.

1919년 3.1 운동이 일어났을 땐 어머니와 함께 가담했다. 어머니는 거리 만세 시위를 주도하고 '대동단(大同團) 사건(의친왕의 중국 망명으로 인한 조선인 항의 운동)'에까지 연루된 혐의로 붙잡혀 투옥되었다. 그녀 역시 만세 운동을 이끈 민족지도자들 사이의 서신과 문건을 전달하는 임무를 맡다가 수배 명단에 오르는 신세가 된다. 모전여전(母傳女傳)이었다.

⊗ 조선 여성 운동의 '대전환'을 주도하다

정종명은 부인과 간호사로 일하면서도 가난한 집에서 출산한다는 소식이 들리면 발 벗고 나서 아이를 받아줬다. 병원에선 '조산사'로 가난한 이들에겐 '산파'로 불렸다.

가난한 조선 여성들의 출산 환경은 끔찍했다. '조혼(早婚)'과 '다산(多産)'이 강요되던 조선의 문화를 바꿔야 한다고 생각했다. 여성 스스로가 깨치고 사회적 주체가 되어야만 해결될 문제였다. 그러기 위해선 교육의 힘이 절실했다. 간호사였던 그녀가 여성 교육 운동에 뛰어든 이유다.

가난한 여성들은 정규교육을 거의 받지 못했다. 당시 '이화'나 '숙명' 같은 명문 여학교에 다닐 수 있는 사람들은 극소수였고 그나마 대체로 '있는 집 딸들' 일색이었다. 어려운 형편의 젊은 여자들은

학비 마련을 위해
삯바느질을 하고 있는
여자고학생상조회원들
(<조선일보>, 1924년 12월 20일)

학교에 갈 수 없었으니 평생을 '무식자'로 살아갈 수밖에 없었다. 할 수 있는 일이라곤 어린 나이에 혼례를 치르고 아이를 계속 낳는 것밖에 없었다.

1922년 정종명은 그들이 스스로 서로를 돕고 구할 수 있는 '여자고학생상조회'를 결성했다. 여자고학생을 구제할 사회적 기금을 모으고 대중 연설과 강연을 통해 여성 교육이 확대되어야 한다고 큰 목소리를 냈다. 부산과 대구, 여수, 목포, 이리, 천안 등 전국을 순회하며 상조회 조직의 기초를 닦고 회원을 모집했다.

여자고학생상조회의 세 가지 목표는 '각성', '자립', '변화'였다. 현실에 안주하지 않고 어려운 환경을 극복하고자 여성고학생들끼리 서로 돕고 스스로 노력하면, 자기 자신은 물론 세상까지 바꿀 수 있다는 뜻이다.

정종명은 상조회의 집행위원장으로 헌신하며 전국적인 명성을 얻는다. 여자고학생상조회가 그저 여학생 수나 늘리고 장학금이나 마련하는 단체였다면 그렇게까지 인정받진 못했을 것이다.

상조회는 이전까지의 조선 여성 운동과는 질적으로 차원이 다른 행보를 보여줬다. 이미 '교양'과 '지식'을 갖춘 상류계급 여자들에 의해 주도되는 운동이 아니라, 가난하고 소외된 여성고학생 당사자들이 스스로 현실을 인식하고 서로의 처지를 돌봐주며 함께 문제를 해결하는 방식의 운동을 지향했다.

여성 운동이 '당사자성'과 '주체성'을 모두 갖추게 되는 대전환이었다. 정종명은 상조회를 이끌면서 사회주의 계열의 여성 지도자로 우뚝 올라선다.

1923년 6월엔 '코르뷰로(고려공산당 이르쿠츠크파의 후신 세력, 코민테른의 하부 조직으로 '고려국'이라고도 불림)' 국내부가 조직될 때 조선의 유일한 여성회원으로 참여한다.

1924년 5월엔 정칠성, 허정숙 등 사회주의 여성 운동가들과 함께 '여성동우회(女性同友會)'를 결성하기도 했다.

1924년 11월엔 김약수, 송봉우 등 이름난 남성 사회주의자들과 함께 '북풍회'에서 활동한다. 북풍회가 발행한 사회주의 계열 잡지인 〈해방운동〉의 기자로 활약하기도 했다. "화요회의 주세죽, 북풍회의 정종명"이란 말이 회자될 정도로 사회주의 계열 여성 지도자로서 두각을 드러냈다.

1926년엔 '정우회(正友會)'의 상무집행위원 자리까지 오른다.

⊗ 일제의 잔인한 고문에 쓰러지다

1927년 5월 27일, 조선 여성 운동 단체의 통일기관이자 최대의 여성 단체라고 할 수 있는 '근우회(槿友會)'가 조직된다. 정종명은 민족주의 계열, 사회주의 계열, 기독교 계열 등 당대의 여성 운동가들이 망라된 근우회의 스물한 명 집행위원 가운데 한 명으로 선출된다.

나아가 1928년에는 근우회의 초대 집행위원장이 되어 부녀자의 문맹퇴치, 농촌 여성들의 해방 운동에 적극 나선다. 조선 최대 사회주의 단체인 '신간회(新幹會)'의 활동에도 관여하고 1930년대 초에는 '조선공산당재건운동'에도 적극 참여한다.

이때 '전평준비회'라는 조직을 만들어 비밀리에 활동하다가 검거된 뒤 1934년 6월 징역 3년형을 선고받고 복역한다. 그간 만세운동과 사회주의 운동을 하며 검거된 적도 있고 경찰 조사 역시 빈번하게 받았지만, 이때 처음으로 투옥된다.

'조선공산당재건위 검거 사건'은 1930년대 초반 식민지 조선에서 발생한 사회주의 진영의 가장 큰 스캔들이었다.

이때 검거되고 투옥된 사람들

'조선공산당재건설조직위원회 사건'으로 구속된 정종명(제일 위-<동아일보>, 1933년 4월 28일)

이 하도 많아 "사회주의자들 씨가 말랐다"라는 말이 나올 정도였다.

사회주의 세력이 일순간에 와해되었고, 이때 투옥된 사회주의자 운동가들은 특히 많은 고초를 겪었다. 정종명과 함께 구속된 동료들 중 많은 수가 고문으로 사망했고, 그녀 역시 혹독한 고문을 당해 몸이 많이 상했다고 한다.

서대문형무소 생활은 처참했다. 일제 치안 당국은 '주의자' 사상범을 더욱 가혹하게 취급했다. 1920년대 식민지 조선 저항 운동의 최대 세력이었던 사회주의 진영을 일소하겠다는 전략이었다.

일제 강점기 '사회주의'는 식민지 조선의 지식인들에게 '제국주의'와 '자본주의'가 발생시키는 이중모순을 해결할 수 있는 유력한 '지식'이자 '교양'으로 간주되었다. 사회주의는 '계급해방'과 '노동해방'을 넘어 억압받는 조선인들이 근본적인 차원에서 인간다움의 회복을 기대하게 하는 사상적 기반이었다.

정종명이 만들어 이끈 '여자고학생상조회'나 '조선여성동우회' 등과 같은 단체의 밑바탕에 사회주의 사상이 자리 잡고 있었음은 물론이다. 일제가 사회주의자에 대한 검속과 사상 검열에 얼마나 열을 올렸을지 충분히 짐작할 수 있을 것이다.

⊗ 식민지 조선 여성의 이중굴레

출소 후 정종명의 행적은 그다지 알려진 바가 없다. 대부분의 다른 사회주의자들처럼 전향을 한 것인지, 지하 운동의 세계로 더욱 깊이 들어가 정체가 드러나지 않았는지 알 수 없다.

1930년대 중반 사회주의를 버리고 전향한 많은 지식인들이 친일에 적극 나섰다. 사회주의자였던 행적을 감추고자 더욱 강하게 체제에 협력하고 무참히 민족을 배신했다.

일제 주요감시대상 인물카드에 실린 정종명

그런데 정종명은 '친일'과 '협력'의 흔적조차 발견되지 않는다. 복역하는 동안 간신히 죽지 않을 정도로만 몸이 상해 망가졌다는 소문도 있고, 해방 이후 월북한 뒤 파벌 투쟁에 밀려 숙청되었다는 말도 돈다.

정종명은 조선의 여성 운동을 이끈 '혁명가'인 동시에 어려운 가정환경에 놓인 부인 환자들을 헌신적으로 돌본 '간호사'이기도 했다. 가난한 여성들도 교육을 받아야 한다고 주장한 최초의 '여성 지도자'이자, 여성들이 서로 손을 맞잡고 한목소리를 내면 세상을 바꿀 수 있다는 사실을 알게 해준 배짱 있는 '큰언니'이기도 했다. 정종명은 평생 여성 운동과 독립 운동에 헌신한 공로를 인정받아 2018년 건국훈장 애국장에 서훈되었다.

교육이란 인간다움이 무엇인지 그리고 어떻게 살아야 하는 게 정당한지에 대한 깨달음을 얻는 과정이다. 하지만 '배운 여자'들의 삶은 늘 신산하고 고달팠다. '반드럽다'거나 '되바라졌다'라는 평가를 받기 일쑤였다. 한편 더 많은 수의 가난한 여자들은 교육받을 기회조차 얻기 어려웠다.

보편적인 차원에서 교육을 통해 얻은 지식은 세상을 밝히는 힘이 되었지만, 조선의 여성들에게 '교육'과 '지식'은 또 다른 '차별'과 '소외'를 체감케 하는 '이중굴레'이기도 했다.

현재 한국 사회에서 '페미니즘'이 강한 영향력과 정당성을 얻게 된 이유를 갑작스럽게 시대가 바뀌었기 때문으로만 생각하는 건 큰 오산이다. 정종명과 같은 여성들의 오랜 노력과 헌신 덕분에 아주 조금씩 나아져 여기까지 왔다.

"시민의 목소리가
곧 하느님의 말씀"

'정의구현사제단'을 만든 열혈사제,
함세웅(咸世雄, 1942~)

⊗ 가톨릭 개혁의 세례를 입고 성장한 신부

1962년부터 1965년까지 열린 '제2차 바티칸 공의회'는 보수적이
고 근엄했던 로마 가톨릭이 현대적인 모습으로 탈바꿈한 20세기판
종교개혁의 시발점이었다. 그전까지 가톨릭은 가급적 정치에 개입
하지 않고, 성직자와 신자 간의 위계를 중시하는 고립적이고 권위
적인 종교 집단이었다.

4년 동안 역사상 최대의 행사로 치러진 마라톤 공의회 끝에 확
정된 새로운 헌장과 교령, 선언 들은 장차 가톨릭 교단이 지향할 중
요한 가치와 사명을 모두 담고 있다.

"보다 인간적으로, 사회 속으로 더 깊이, 더 많은 포용, 다른 것들과의 화해"로 요약될 수 있는 로마 가톨릭의 변화 결심은 전 세계 가톨릭 신자들의 삶은 물론 그들이 살고 있는 이 세상 전체에 아주 큰 영향을 미쳤다.

이전까지 '견고한 성채 속의 종교'였던 가톨릭은 2차 공의회 이후 시민들과 어울리고, 정의로운 일에 앞장서고, 사회적 약자들과 소수자를 배려하고, 타 종교와 다른 신앙을 가진 사람들까지 존중하는 정의와 화해와 평화를 상징하는 열린 종교가 되었다.

로마 가톨릭의 변화와 개혁의 분위기가 무르익어 갈 무렵, 때마침 로마에서 사제 서품을 받은 한국인 신부가 있었다. 훗날 '정의구현사제단'을 만들어 한국의 민주주의와 인권 보호를 위해 독재정권과 가장 치열하게 맞붙어 싸웠던 열혈사제 '함세웅'이다.

⊗ 로마에서의 사제 수업

세례명이 '아우구스티노'인 함세웅 신부는 '지학순' 주교와 함께 한국 천주교단에서 사회의 자유와 정의를 수호하는 데 가장 앞장섰던 사제다.

식민지 시기 말 일제가 일으킨 태평양 전쟁이 한창이던 때 경성에서 태어난 함세웅은 용산성당에서 천주교를 처음 접했다. 해방 이후의 혼란과 한국전쟁의 참상을 겪으며 가난한 자와 보호받지 못하는 사람 들을 위해 봉사하는 성직자가 되기로 결심한다.

1970년
로마 신학대학원 유학 중
교황 바오로 6세와 함께

1957년에 천주교단이 운영하는 서울 혜화동 성신고등학교에 입
학한 뒤, 1960년엔 성신대학교(현 가톨릭대학교의 전신)에 들어가 신
학을 전공한다.

1965년 한국 천주교단이 로마 교회로 파견한 유학생 다섯 명 중
한 명으로 선발되어 바티칸에서 사제 교육을 받았다. 로마 시절은
함세웅에게 사제의 길에 대한 방향을 설정하게 해준 시간이었다.

제2차 바티칸 공의회 이후 로마 가톨릭은 변화의 물결이 흘러넘
쳤다. 새로운 시대에 걸맞은 사제의 본분과 임무가 무엇인지 생각
할 수 있는 기회였다.

함세웅은 교황 바오로 6세에게 사제 서품을 받고 1968년 6월에
신부가 되었다. 우르바노대학교에서 신학 석사 학위를, 그레고리오
대학교에서 신학 박사 학위를 받은 뒤 1973년 6월 귀국했다. 로마
로 떠난 지 8년 만에 돌아온 한국은 군사독재정권의 서슬이 시퍼렇

게 살아 있는 '고난의 땅'이었다.

서울 연희동 성당 보좌신부로 부임한 뒤, 서울교구의 젊은 사제들과 함께 한국 천주교의 시대적 과제가 무엇인지 고민했다.

그러던 중 1974년에 지학순 신부가 '민청학련 사건'으로 구속되는 일이 발생했다.

민청학련 사건이란 박정희 유신정권이 민주화를 염원하던 청년들에게 국가 전복 혐의를 씌워 구속한 사건을 말한다. 서울대학교 학생회 간부들을 비롯해 전국의 이름난 학생 운동가들이 거의 모두 구속되었다.

민청학련 관련자들은 민간인이었으나 예외적으로 군사법정에 세워졌으며, 대통령 긴급조치 위반 및 내란예비음모 등의 죄목으로 무기징역에서 사형까지 부당한 형을 선고받았다.

지학순 신부는 사제로선 드물게 독재정권에 저항하고 민주화 운동 활동가들을 지원하는 한국 천주교계의 '살아 있는 양심'으로 불렸다. 함세웅은 지학순 신부의 석방을 촉구하는 운동을 앞장서서 주도했다.

하지만 유신정권은 성직자들의 요구에 귀를 기울이지 않았다. 사제들도 '기도'와 '용서'에만 익숙했지 '싸움의 기술'은 부족했다. 독재권력이라는 거대한 '악(惡)'을 상대로 어찌지 못하는 자신들의 나약함이 속절없었다. 종교적 회의와 세속적 무력감이 교차하는 순간이었다.

⊗ '천주교정의구현전국사제단' 창설

함세웅은 주저앉지 않고 세상과 굳세게 맞서 싸울 수 있는 사제들의 조직화된 힘을 마련해보기로 결심한다. 천주교 내의 민주화 운동 전초기지 '천주교정의구현전국사제단'을 창설한 것이다.

1974년 9월 26일 명동성당에서 열린 '순교자 찬미 기도회'에서 "우리는 인간의 위대한 존엄성과 소명을 믿는다"로 시작하는 '제1시국선언'을 발표하며 정의구현사제단은 세상에 모습을 드러냈다.

사제단은 선언을 통해 유신헌법 철폐와 민주헌정 회복, 긴급조치의 전면적인 무효화, 국민의 생존권과 기본권 존중, 서민 대중을 위한 경제 정책 확립을 요구했다.

정의구현사제단은 "민중의 횃불"을 기치로 내걸고 "모순된 현실 안에서 행동하는 신앙인"이 되기로 결의한 사제들의 모임이었다. 1970년대부터 1980년대를 거쳐 현재에 이르기까지 사제단이 걸어온 길은 한국 민주주의가 성장한 역사이자 인권 운동의 발자취로 남아 있다.

'3.1 민주구국선언'을 주도했고 '5.18 광주 민주화 운동'의 희생자들과 함께 고통을 나눴다. 특히 1987년 서울대생 '박종철 고문치사 사건'의 진실을 세상에 알린 것도 사제단이었다. '박종철 군 고문치사 사건은 조작되었다'라는 제목의 성명서 발표는 국민적인 분노를 불러일으켜 1987년 6월 민주항쟁의 도화선이 되었다.

함세웅은 정의구현사제단의 상징과도 같은 인물이었다. 창립 초기부터 현재까지 사제단을 이끌며 가장 앞선 자리에서 활동했다. 사제단의 얼굴로서 일평생 한국 현대사의 굵직한 사건들과 연루되길 주저하지 않았다.

통일 운동을 위해 북한을 다녀온 뒤 수감된 '임수경'의 면회 자리에도, 전대협 의장 활동 중에 구속된 '임종석'의 곁에도, 민주화 운동을 하다가 구속되고 사형당한 자식들을 둔 '민가협' 어머니들의 옆에도 그가 있었다. 아파하는 자들이 겪는 고통을 함께 나누고 무거운 짐 진 자들의 수고를 덜어줬다.

⊗ 고난에 빠진 시민을 보호하는 사제의 사명

독재정권 타도와 민주화를 요구하는 시민과 학생 들이 위기에 처했을 때, 그들을 보호하려 애쓴 것도 그였다. 군사독재정권하에서 명동성당이 '소도(蘇塗)' 역할을 담당할 때, 수도자들의 품 안으로 도망쳐 온 학생과 노동자 들을 지켜줬다. 교단의 높은 지위에 있던 추기경과 주교 등이 정치권의 압력에 골머리를 앓고 흔들릴 때마다, 끈질기게 설득하고 성직자의 사회적 책임을 호소한 것도 그였다.

함세웅은 가장 큰 방패가 되어 시민들을 지켰고 가장 날카로운 창이 되어 부패한 권력의 정곡을 겨눴다. 그러다 보니 사제로선 드물게 두 번의 옥고를 치르기도 했다.

1974년 유신정권에 극렬하게 반대한 '민주회복 국민선언'을 주도한 혐의로 첫 수감 생활을 했고, 1976년엔 '3.1 민주구국선언'에

천주교 대표로 참여했다가 1979년 10.26 사건이 일어날 때까지 감옥에 있었다. 유신정권이 종말을 고한 후 긴급조치 9호가 해제되면서 석방되었다.

함세웅은 기독교계의 '문익환' 목사나 '박형규' 목사는 물론 불교계의 '지관' 스님이나 '명진' 스님 같은 인물들과도 깊게 교유하며 고난의 현장에서 함께 팔을 걸었다. 각 종교계의 완고한 지도자들이 저마다의 교리를 앞세워 타 종교를 배척할 때, 서로 보듬고 화해하며 존중하는 자세를 갖춰야 한다고 주장한 것도 한국 종교계에선 그가 처음이었다. 또한 그는 '장준하', '백기완' 등과 함께 민중 운동과 저항 운동의 현장에 늘 먼저 도착하는 사람 중 하나이기도 했다.

종교가 현실의 문제를 외면하고 홀로 고고한 척하는 건 가장 큰 죄악이며, 힘 없고 가난한 이들을 위해 굳세게 싸우는 게 종교 본연의 사명이라고 생각했다.

⊗ 김수환 추기경과의 불화

그는 천주교계의 기득권 세력과 보수적인 입장을 가진 주교들을 철저히 배격하기도 했다. 군사독재 시절 약자의 편에 서길 마다하지 않았던 김수환 추기경이 1990년대 이후 점차 보수적인 태도와 입장으로 바뀌어 가자, 함세웅은 선배이자 스승이기도 한 그를 매몰차게 멀리했다.

김수환 추기경이 선종하는 그날까지 함세웅은 그를 한 번도 찾지 않았다. 시간이 많이 흐른 뒤, 함세웅은 그때 자신이 마음을 더 열고 추기경을 자주 찾아 세계의 변화와 다른 입장들을 세심하게 전달했더라면 추기경이 말년에 젊은 사제들과 진보적인 신자들로부터 고립되지 않도록 도움을 줬을 수도 있었겠다며 자신의 옹졸한 태도를 후회하기도 했다. 종교를 뛰어넘어 국민적으로 애정 받던 추기경과 불화를 겪었으니, 함세웅을 좋지 않게 바라보는 사람들도 있었음은 당연하다.

정의구현사제단이 항상 앞장서고 큰 목소리를 냈기 때문에 천주교의 입장을 대표하는 집단으로 생각하는 사람이 많지만, 실상은 한국 천주교 내에서 한 줌밖에 안 되는 작은 세력에 불과하다. 사제단이 세상을 대하는 자세나 강경한 태도에 눈살을 찌푸리는 보수적인 종교인이 훨씬 더 많았다. 함세웅은 세상의 탐욕과 불의와도 맞서야 했지만 천주교단 내부의 얄궂은 시선들도 견뎌야 했다.

⊗ 새로운 시대적 과제에 앞장서 대처하다

함세웅은 소위 말하는 '민중신학', '해방신학', '여성신학'의 주창에 가장 앞장선 사제이기도 하다. 신앙의 견결성도 중요하지만, 변화하는 시대에 맞게 종교가 자세를 낮춰야 한다고 주장했다. "시민들의 목소리가 곧 하느님의 말씀"이라는 함세웅 스스로의 표현이야말로 그의 삶과 지향을 보여주는 가장 함축적인 명제일 것이다.

함세웅은 세상의 변화에 교단이 적극적으로 대처하는 것만이 종교가 시민들과 함께 살아가는 길이라고 생각했다. 그는 개발과 성장 담론이 판치던 산업화 시기에 가난한 노동자와 소외된 철거민 들을 위한 길거리 미사를 열기도 했다.

미사를 드릴 때, 미성년 소년들만 복사(服事)로 선정했던 관행을 물리치고 소녀도 복사가 될 수 있도록 바꿨다. 남성들만 사제직을 수행해온 수천 년의 가톨릭 전통을 바꿔 여성들에게 사제직이 개방

시민들의 시위 현장
한 구석에 앉아
기도 중인 함세웅

되어야 한다고 주장하기도 했다.

함세웅 신부는 2012년 사목 자리에서 물러나 은퇴한 뒤, 교구에서 마련해준 상도동의 조그마한 사택에서 홀로 기거하며 기도와 명상으로 시작하는 수도자 생활을 이어가고 있다.

이제 나이가 들어 젊은 신부들이 전면에 나서서 활동하는 정의구현사제단에서도 말석으로 밀려난 처지가 되었다. 하지만 그는 사진을 찍으면 잘 나오지도 않는 구석 자리에서도 여전히 꼿꼿하게 앉아 불의와 탐욕으로 가득 찬 세상을 향해 눈을 부릅뜨고 노려보고 있다. 아무리 늙었다고 하지만 영락없는 투사의 자세다.

로마 가톨릭을 비롯해 한국 천주교단은 아직도 많은 과제에 직면해 있다. 동성애, 낙태 문제 등과 같이 시대가 바뀌면서 제기되는 이슈에 소극적으로 대응하는 모습은 여전하다. 종교적 근본주의에 매몰되어 반대 입장을 바꾸지 않고 있다. 또한 팍팍한 세상을 견디기 어려운 젊은 세대들이 외려 보수적으로 변해가고 종교적 가르침 자체에 회의적인 '냉담자(冷淡者)'들도 늘어나는 추세다. 경제 성장과 함께 제도적 민주화 수준이 어느 정도 높아지자, 교단이 금세 다시 사회와 절연한 채 홀로 고고한 길을 걷고 있기 때문이다.

사제 서품 50주년을 맞은 함세웅은 한 신문사와의 인터뷰(《한겨레》, 2018년 9월 16일)에서 "교회가 자본주의의 부스러기를 먹고 살고 있다"라고 거침없이 교회를 비판하며 교단의 정진과 시민 사회를 향한 관심을 다시금 촉구한 바 있다.

시각장애인들의
세종대왕

‘훈맹정음’의 창시자,
박두성(朴斗星, 1888~1963)

⊗ “일신이 천금이라면 눈이 구백금”

지난 2022년 3월 21일 〈SBS 뉴스〉에서 한 시각장애인이 맹인안내견을 데리고 식당에 가려는데 이를 꺼린 상인들이 출입을 제지하는 모습을 담은 영상이 보도되며 큰 논란이 일었다. 열이면 일곱 곳의 가게에서 안내견 출입을 거부했다. 위생상 문제가 있을 수 있고 다른 손님들이 싫어할 수도 있다는 게 이유였다.

안내견은 반려동물이 아니라 시각장애인의 사회 활동을 보조하는 파트너다. 안내견의 시설 출입은 법률로 보장하고 있으며, 따르지 않을 경우 300만 원 이하의 과태료가 부과되기도 한다. 하지만 명문화된 법조문일 뿐 현실에선 잘 지켜지지 않는다.

몇 해 전 입법부에 입성한 현역 시각장애인 국회의원이 안내견을 대동하고 본회의장에 출석하려 했을 때, 국회 사무처가 제지해 소동이 빚어졌다. 장애인 관련 법률을 직접 입안하는 국회에서도 이럴진대, 다른 곳의 상황은 더 설명하지 않아도 될 정도겠다.

또 2021년 12월 31일에는 시각장애인들에게 안마사 직업의 독점적 지위를 보장해주는 규정에 대한 헌법재판소의 합헌 결정이 재차 내려졌다. 물론 결론을 내리기까지 많은 논쟁이 있었다. 이해와 가치가 충돌하는 사안에서 문제를 일사불란하게 해결하기 어려운 건 자명한 일이다. 하지만 누구에게나 직업 선택의 자유를 보장하는 것보다 사회적 약자에 대한 보호가 더 우선해야 한다는 점을 재확인했다는 점에서 보편적 공감대가 형성되었다.

그만큼 시각장애인의 처지가 열악하고 또 생활은 무척이나 곤궁한 실정이다. 고단하고 피로할 수밖에 없는 안마사 일이나마 계속 보장받아야 하는 시각장애인의 사회적 조건에 대해 좀 더 세심한 이해가 필요한 대목이다.

"종전에는 조선에선 소경이라면 의례히 복술이나 배워서 남의 점이나 쳐주고, 또 병자에게는 일종의 미신료법(迷信療法)인 경(經)을 읽어주면서 간신히 호구나 하여 가며 일반에게는 많은 천대를 받고 자기 역시 고상한 학문은 배우지 못하며 또한 배울 길이 없었다."('맹인도 읽게 된 조선문 점자 완성', <조선일보>, 1927년 7월 29일)

조선 시대나 일제 강점기에도 시각장애인의 처지는 오늘날과 크게 다르지 않았다. 점복(占卜)을 치거나 주술을 외는 것과 같은 미신 풍습에 기댄 특수한 직업에 종사하는 경우가 많았다. 눈이 보이지 않으니 배우기 어렵고 배우지 못하니 사람들이 천하게 여기는 일을 할 수밖에 없었다.

이런 상황에서 "일신이 천금이라면 눈이 구백금"이라며 시각장애인의 처지를 애달프게 여기고 이들에 대한 교육 사업에 발 벗고 나선 이가 있었다.

시각장애인들의 참스승이자 세종대왕으로 불리는 송암 '박두성'이다.

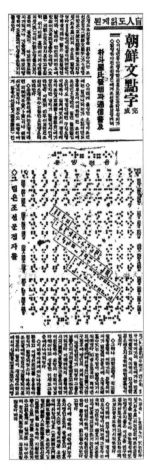

맹인도 읽게 된
조선문 점자 완성
(<조선일보>, 1927년 7월 29일)

⊗ 시각장애인 특수교육의 선구적 개척자

1883년 강화도 교동에서 태어난 박두성은 한성사범학교 속성 과정을 졸업하고, 1906년 인천 양현동 보통학교에서 교원 생활을 시작한다. 이듬해 어의동 보통학교로 옮겨 6년 넘게 선생 노릇을 했다.

이 시절부터 박두성은 시각장애인을 가르치는 일에 관심을 보이며 어떡하면 이들에게 맞춤 교육을 제공할 수 있을지 고민했다.

그러나 근대적 교육제도와 시설이 제대로 갖춰지지 못했던 당시로선 특수교육은 그야말로 언감생심이었다. 당국의 지원이나 보조를 기대하기 어려웠기 때문에, 현장에서 활약하는 개인의 피나는 노력에 의존할 수밖에 없는 상황이었다. 곧 박두성이 앞이 보이지 않는 아이들도 포기하거나 차별하지 않고 고루 잘 가르친다는 소문이 지역사회를 넘어 전 조선으로 퍼져나갔다.

> "일본인의 맹아사업이란 하나의 민족 유화책에 지나지 않으므로 이제 새로 민족문화와 민족정신을 상징하는 한글점자를 창안하는 일에 찬성할 리 없었다. 그러나 나는 나대로 맹인들을 위해 민족성을 떠날 수 없다고 굳게 믿었던 관계로 더욱 이 이 일을 완성시키겠다는 생각으로 용솟음치게 되었다."(박두성, '나의 평생 소원을 성취', <성서한국> 제3권 2호, 대한성서공회, 1957, 14쪽)

1910년 일제의 조선 병탄 이후 조선총독부는 맹인들을 위한 근대교육기관인 '제생원(濟生院)'을 설립했다. 식민 지배 초기에 선보인 전형적인 유화정책의 일환이었다.

총독부가 제생원에서 일할 교사를 수소문할 때, 경성보통학교 교장회의에선 만장일치로 박두성을 추천했다. 그만큼 특수교육계에서 박두성에 대한 평가와 입지는 탄탄했다.

제생원에서 맹인들을
지도하는 박두성

박두성은 1913년 총독부로부터 제생원 훈도로 공식 발령받은 뒤, 본격적으로 맹교육에 나선다.

박두성은 시각장애인이 사회에 적응하기 위해선 '읽고 셈하는 능력'을 기르는 게 최우선이라고 생각했다. 가장 먼저 주산(珠算)을 가르쳤다. 눈이 보이지 않는 대신 손의 감각이 예민하게 발달했기 때문에 손으로 조작하는 주판을 능숙하게 다룰 정도가 되었다.

하지만 읽기 교육이 문제였다. 주판은 손으로 더듬어 만질 수 있지만, 글자는 보이지 않으면 도저히 읽을 방도가 없었다. 총독부에서 보급한 일본어 점자가 있었지만, 우리말도 제대로 할 줄 모르는 시각장애인들에게 일본어 점자는 너무 어렵고 복잡했다. 그런 형편이었기에 일본어 점자 수업 시간엔 선생도 학생도 속이 탔다.

⊗ 첫 번째 점자를 만들기까지

박두성이 시각장애인 교육의 일선 현장에서 몇 해 동안 헌신하는 중에 1919년 3.1 운동이 일어났다. 정신과 마음이 온전한 다른 조선인들과 마찬가지로 박두성 역시 만세 운동에 적극 참여했다. 그러나 안타깝게도 만세 운동은 실패하고 말았고, 이후 일제의 탄압은 날로 거세졌다. 교육계에도 압력이 가해졌다. 시각장애인 교육 과정에서 조선어 과목을 아예 없애려 들었다.

박두성은 "눈이 없다고 사람을 통째로 버릴 수 있겠어요? 앞 못 보는 사람에게 모국어를 안 가르치면 이중의 불구가 되어 생활을 못하는 것이외다. 눈 밝은 사람들은 자기만 노력하면 얼마든지 읽고 쓸 수 있지만 실명한 이들에게 조선말까지 빼앗는다면 눈먼 데다 벙어리까지 되란 말인가요?"라며 절실하게 항의했다.

이때가 박두성이 시각장애인을 위한 '조선어 점자'를 만들어야 겠다고 결심한 계기였다.

박두성은 한글 점자를 창안하며, 점자는 배우기 쉬워야 하고 글자 수는 적어야 하며 서로 혼동을 일으키지 않아야 한다는 세 가지 목표를 제시했다.

3.1 운동이 일어났던 이듬해인 1920년 11월부터 한글 점자 연구를 시작해 1921년 초안을 만들고 다듬어 1923년 봄에 완성했다. 이 점자는 모든 자음을 세 점으로 제자했고 모든 모음을 두 점으로 제자했기 때문에 '3·2 점자'라고 불렸다.

| 조수와 함께 점자책을 만들고 있는 박두성

3·2 점자는 규칙적이고 체계적이었으며 기억하기 쉽고 배우기도 쉬웠다. 박두성은 "3·2 점자는 가르치는 데 시간이 많이 필요하지 않고, 한마디로 설명하면 누구나 알아듣고 혼자서 기억하고 응용할 수 있다"라고 했다.

하지만 3·2 점자는 초성과 종성이 구별되지 않는 결정적인 단점이 있었다. '단오'를 '다노'로 '학예'를 '하계'로 읽게 되어 구분할 수 없는 경우가 생겼다.

이런 치명적인 오류 때문에 3·2 점자는 여러 장점에도 불구하고 폐기할 수밖에 없었다. 첫 번째 점자를 만들기까지 들였던 온갖 노력이 수포로 돌아가는 순간이었다. 뼈아픈 실수였다.

⊗ 은밀하게 위대하게 만든 훈맹정음

좌절하고 있을 수만은 없었다. 박두성은 3·2 점자의 실패를 계기로 더욱 과학적이고 치밀한 점자를 만드는 데 매진한다. '조선어 점자 연구위원회'에 들어가 연구위원들과 매일같이 밤새 토론하며 노력을 기울였다.

일제가 조선어 교육을 불허한 상황에서 조선어 점자를 만든다는 계획이 밖으로 새어 나가면 큰일 날 게 불 보듯 뻔한 상황이었다.

위원회는 은밀하게 움직여 3·2 점자의 한계와 오류를 극복할 수 있는 열두 개의 안을 마련했다. 거듭된 회의와 토론을 거쳐 가장 적합하고 실용적인 안을 골랐고, 박두성이 주도한 제11안이 최종 채택되었다.

그렇게 선정한 점자의 공식 명칭은 '훈맹정음(訓盲正音)'이다. 세종대왕이 창제한 한글의 이름이 '훈민정음'이었으니, 맹인들에게 필요한 글자란 뜻으로 자연스럽게 그렇게 되었다.

1926년은 훈민정음이 반포된 지 480주년 되는 해였으며 양력으로 11월 4일이었기에, 박두성의 훈맹정음도 그때 맞춰 반포했

| 훈맹정음

다. 한글날이 10월 9일로 정해졌으나, 한글 점자 기념일은 11월 4일인 연유다.

훈맹정음은 매우 규칙적이고 체계적이며 배우기 쉽게 만들었다.

첫째 기본점의 원리를 사용해 초성자음을 제자했다. 예를 들면, 초성 'ㄱ, ㄴ, ㄷ'의 기본점을 4점으로 해서 'ㄱ'은 4점, 'ㄴ'은 1~4점, 'ㄷ'은 2~4점으로 제자했다. 초성자음을 제자하면서 4점을 넣어 'ㄱ, ㄴ, ㄷ'의 석 자를, 1~2점을 넣어 'ㅋ, ㅌ'의 두 자를, 4~5점을 넣어 'ㅍ, ㅎ'을 제자했다.

둘째, 위치 이동의 원리를 사용해 종성자음을 만들었다. 초성자음과 종성자음을 따로 제자해 한글 점자에서 가장 큰 문제를 해결했다. 초성을 왼쪽이나 아래로 이동시킴으로써 모양을 그대로 유지하면서 종성자음을 만들었다.

즉 종성자음 'ㄱ, ㄹ, ㅂ, ㅅ, ㅈ, ㅊ'의 여섯 자는 초성자음의 위치를 왼쪽으로 이동시켜 만들었고, 'ㄴ, ㄷ, ㅁ, ㅋ, ㅌ, ㅍ, ㅎ'의 일곱 자는 아래로 이동시켜 종성자음을 만들었다.

셋째, 대칭의 원리를 사용해 기본모음 열 자를 제자했다. 즉 기본모음 열 자를 다섯 개의 쌍('ㅏ와 ㅑ', 'ㅓ와 ㅕ', 'ㅗ와 ㅛ', 'ㅜ와 ㅠ', 'ㅡ와 ㅣ')을 이뤄 촉각적으로나 시각적으로 기억하기 쉽게 제자했는데, '대칭의 원리'라고 한다.

따라서 'ㅏ, ㅓ, ㅡ'만으로 나머지 글자를 추정할 수 있는 매우 규칙적이고 체계적인 점자임을 알 수 있다.

간추려 설명하면, 박두성의 훈맹정음은 세종이 한글을 창제할 때 떠올린 이상과 목표를 모두 동일하게 반영했다. 또한 눈으로 글씨를 보는 것과 같은 과학적 원리를 점자 체계에 그대로 적용했다.

글자 간의 간섭을 줄여 서로 분명하게 구분되게 하면서, 자연스러운 연결 읽기가 되도록 하는 일이 쉬운 건 아니었다. 훈맹정음이 대단한 건 이런 점들을 충족시키고 있기 때문이다.

세종의 '훈민정음' 창제가 '애민(愛民)정신'의 발로였다면, 박두성의 '훈맹정음'은 '애맹(愛盲)정신'의 산표본이었다. 무엇보다 시각장애인 스스로 문자를 체득해 모국어를 자신 있게 사용하게끔 했다는 점에서 맹인들의 자기 존중감을 한껏 드높인 성과라고 할 수 있다.

⊗ 시력 잃어가며 만들어낸 '시각장애인 문자 네트워크'

운명의 장난이었을까. 시각장애인 교육과 점자 보급 활동에 전력한 박두성은 말년에 접어들며 시력을 잃어갔다. 무리한 교육 및 행정 업무 그리고 점자 성경을 비롯한 점자 도서를 출판하기 위한 장비를 직접 제작하는 등 초인적인 활동을 감당하느라 몸이 쇠약해졌다. 피로해서 눈이 좀 침침하거니 했던 게 나중에는 아예 보이지 않는 지경이 되었다.

> "나는 맹인들을 위한 점자출판을 하다가 나 자신이 직접 맹인이 되는 게 아닌가 생각할 때 그 심회는 매우 복잡했다. 그러나 이것도 하나의 운명이라면 어찌하는 수 없겠다고 반 체념하였다."(박두성, '나의 평생 소원을 성취', <성서한국> 제3권 2호, 대한성서공회, 1957, 15쪽)

박두성은 시각장애인을 위해 평생 살아온 대가로 얻게 된 시력 장애를 순순히 받아들였다. 얄궂은 운명이었지만, 어찌할 수 없다고 생각했다.

자신의 시력이 손상되는 걸 염려하기보다 점자 독본을 좀 더 폭넓게 보급하고 시각장애인들이 서로 교류할 수 있게 하는 통신문 사업이 본궤도에 오르기만을 염원했다. 인천과 서울에서 벌인 사업을 평양으로까지 확대해 명실공히 전 조선을 아우르는 '시각장애인 문자 네트워크'를 완성하기 위해 노력했다.

박두성은 조선어 점자를 익힌 시각장애인들의 삶의 질이 개선되었다는 소식에 희열과 보람을 느꼈다. 그들이 보내온 점자 편지와 엽서 등에는 반드시 점자로 된 답장을 해줬다고 한다.

20세기에 접어들며 나날이 근대화의 물결이 밀려올 때도 시각장애인만은 뒤처질 수밖에 없었지만, 조선어 점자가 개발 보급된 이후 이들도 근대적 지식과 교양의 세례를 입을 수 있었다.

박두성은 그것이면 족했다. 위대한 맹교육자이자 조선어 점자의 창안자였던 박두성이 1963년 세상을 떠났을 때, 많은 사람은 '시각장애인들의 세종대왕'을 잃었다며 아쉬워했다.

크리스마스의 기적 만든
한국판 '쉰들러'

흥남부두에서 9만 8천 명을 피난시킨,
현봉학(玄鳳學, 1922~2007)

<굳세어라 금순아>

눈보라가 휘날리는 바람 찬 흥남부두에
목을 놓아 불러봤다 찾아를 봤다
금순아 어디로 가고 길을 잃고 헤매었드냐
피눈물을 흘리면서 일사 이후 나홀로 왔다

일가친척 없는 몸이 지금은 무엇을 하나
이 내 몸은 국제시장 장사치기다
금순아 보고 싶구나 고향 꿈도 그리워진다
영도다리 난간 위에 초생달만 외로이 떴다

철의 장막 모진 설움 받고서 살아를 간들
천지간에 너와 난데 변함 있으랴
금순아 굳세어다오 북진 통일 그날이 되면
손을 잡고 울어보자 얼싸안고 춤도 춰보자

노래: 현인

⊗ 굳세어라 금순아 vs. 고리타분한 이야기

한국 근현대사에서 가장 드라마틱한 장면을 딱 하나 꼽으라면, 1951년 한국전쟁 당시 '흥남 철수 작전'을 꼽는 경우가 많다. 생(生)과 사(死)를 가르는 결단, 앞날을 예견할 수 없는 머나먼 여정, 같은 민족끼리의 치열한 전쟁 등 인생에서 한 번 경험하기도 어려운 비극적이고도 운명적인 요소들이 넘치도록 많기 때문이다.

한국전쟁 직후 최고의 인기가수 현인이 부른 노래 〈굳세어라 금순아〉에는 흥남 철수 피란민의 고달픈 삶과 고향에 대한 애수가 잘 드러나 있다. 극적으로 살아남았다는 다행의 심정과 가족, 연인을 두고 떠나온 이가 느끼는 애상이 뒤섞여, 노래 한 곡에 피란민들이 공감할 휴먼 드라마를 모두 담아냈다.

한편, 흥남 철수 작전은 어르신들의 가장 전형적인 '왕년 레퍼토리'로 취급되어, 젊은 사람들은 '1.4 후퇴'니 '흥남 철수'니 하는 말만 들어도 진저리를 치는 경우가 있다. 그 세대 어른들은 술만 들어가면 대번에 "홍도야~" 아니면 "금순아~"였다. 아무래도 "나 때는 말이야"의 단골 소재로 이 만한 경험이 또 있기 힘들다.

어른들이 젊은이들에게 강조하는 '노오력'의 기원이 여기에서 시작했다니 좋게 여겨질 리 없다. 흥남 철수 작전은 "고생 끝에 살아남았다"라는 '한국형 노력 서사'를 지탱하는 근현대사의 가장 오래된 알리바이이기도 했다. 더군다나 산업화 시기 한국 사회를 이끌고 정치 권력과 시장 경제를 장악했던 '이북 출신', '경상도 남성'의 자기 서사로 변주되면서 그 의미가 더욱 편협해졌다.

더해 그들 모두가 자유민주주의를 찾아 목숨 걸고 떠나왔거나 그들의 후예라는 이념적 각색이 더해지면서, 흥남 철수 작전은 한국의 수구 보수 세력이 가장 아끼고 반복하는 '옛날 이야기'로 확정되었다. 흥남 철수로부터 시작된 한 가족의 일대기를 다룬 영화 〈국제시장〉이 크게 흥행했음에도 불구하고 젊은 관객들에겐 "고리타분한 재현"이자 "체제 선전의 서사"라고 비아냥을 들었던 것도 모두 그런 연유에서 비롯되었다.

그렇지만 정치적 노선을 떠나 흥남 철수는 한 인간의 삶을 송두리째 바꿔놓을 만한 역사적인 사건이었던 것만은 부인하기 어렵다. 색안경을 벗고 그날의 현장을 다시 살펴보도록 하자.

⊗ 피란민 10만여 명 구한 한국의 쉰들러

1950년 크리스마스를 이틀 앞둔 날, 흥남부두엔 이북 전역에서 모여든 약 10만 명의 피란민들로 넘쳐났다. 흥남에서 미군이 철수 작전을 펼친다는 소식 때문이었다. 중공군의 개입으로 다시 밀리기 시작한 미군이 곧 흥남 전체를 소개(疏開)할 예정이었다.

배를 타지 못하면 끝장인 상황이었다. 흥남부두는 말 그대로 아비규환이었다. 피란민들은 흥남 앞바다에 정박하고 있던 미군 작전선(LST)과 상선, 화물선 등 200여 대의 배에 어떻게든 올라타기 위해 아우성이었다.

그중 가장 큰 배였던 '메러디스 빅토리아호'엔 1만 4천 명의 피란민을 태웠다. 2천 명 정원이었던 빅토리아호에 당시 지방 작은 도시의 인구보다도 많은 사람이 탈 수 있었던 건 기적이나 마찬가지였다. 그 배엔 문재인 전 대통령의 부모도 타고 있었다고 한다. 그 배에 올라탔던 사람들이 만들어낸 역사가 지금까지 한반도의 운명을 요동치게 하고 있는 셈이다.

피란민 수송선 빅토리아호는 새 삶을 찾아 떠나려는 사람들의 기대와 희망, 또 모든 걸 내버려두고 낯선 곳으로 떠나야 하는 사람

흥남 철수 때 메러디스 빅토리아호
앞에 모인 피란민들
(현봉학박사기념사업회 제공)

들의 두려움과 머뭇거림이 한데 엉켜 있는 운명의 방주였다.

당시 철수 작전을 이끌고 있던 미군 군단장 '알몬드'는 대량의 피란민들을 수송하는 것에 난색을 표했다. 빅토리아호의 '라루' 선장 역시 2천 명 정원인 배에 1만 4천 명이나 되는 인원의 등선을 끝까지 반대했다고 한다.

그도 그럴 것이 너무 많은 사람을 한꺼번에 태우면 배가 감당할 수 있는 한계 중량을 초과해 가라앉을 수 있기 때문이었다. 또 전쟁 중이었던 만큼 홍남에서 부산까지의 바닷길 여정엔 수많은 기뢰와 어뢰의 위험이 도사리고 있을지도 모르기 때문이었다.

사람들을 구하려다 자칫 몰살시킬 수도 있는 도박을 감당하고 싶지 않았다. 합리적인 지휘관으로서, 미국을 대표하는 군인으로서 그의 선택은 타당했다.

그런데 위험을 감수하고 적재 정원의 일곱 배를 훌쩍 넘겨서까지 빅토리아호에 피란민들을 잔뜩 태울 수 있었던 건 '현봉학'이라는 인물의 간절한 호소 덕분이었다.

현봉학은 한국전쟁에 참전한 미군의 통역을 담당하는 한국 해군장교였다. 그는 피란민 전부를 수송하기 저어하는 미군 지휘부를 끝까지 설득했다. "지금 저들을 여기에 두고 군인들이 철수하면, 저 사람들은 모두 죽은 목숨입니다. 어떠한 일이 있어도 저들을 함께 데리고 가야 합니다."

안전하지 못하다는 이유와 시간이 부족하다는 까닭으로 결정을 망설이던 알몬드 소장은 현봉학의 끈질긴 설득에 결국 9만 8천 명 전원의 수송을 결심한다. 지휘관의 냉철한 합리성도 인간애를 앞세운 절절한 부탁 앞에서 고개를 숙이고 만 것이다.

현봉학은 흥남으로 몰려든 피란민 약 10만 명을 모두 배에 태워 남쪽으로 보내는 일등공신 역할을 해 흔히 '한국의 쉰들러'라고 불린다. 제2차 세계대전 당시 나치의 잔악한 학살이 이어지는 와중에도 온갖 노력을 기울여 유대인을 구한 독일인 사업가 '오스카 쉰들러'의 업적과 비교해 부르는 호칭이다.

흥남 바로 옆에 있던 함경북도 함흥 태생인 현봉학은 세브란스 의학전문학교를 졸업했다. 해방 직후 가족들과 함께 월남한 뒤, 미국으로 유학을 가 버지니아주립의과대학을 수료했다.

1950년 한국으로 돌아와 세브란스병원에서 의사 일을 시작한 지 얼마 되지 않아 한국전쟁이 일어났다. 그는 곧바로 해군장교로 자원했다. 전황은 좋지 못했다. 북한은 남침 이후 단숨에 낙동강 전선까지 밀고 내려왔다.

현봉학이 전선에 투입되었을 때는 연합군이 반격을 개시해 전선을 다시 압록강과 두만강까지 밀어 올린 시점이었다. 미군 10군단은 연합군 중에서도 가장 선봉에 서 흥남 전선에 투입되어 있었다.

국군 해군장교 현봉학은 영어 실력이 출중해 국군과 미군 사이의 작전 교환 통역 임무를 담당했다. 미군 지휘관들은 말이 통하지 않는 상황이면 현봉학부터 찾았다.

미군장교로 복무하던 시절의
현봉학
(현봉학박사기념사업회 제공)

하지만 현봉학이 미군 사령관을 설득할 수 있었던 건 빼어난 영어 실력 때문만은 아니었다. 그에게 흥남부두에 모인 10만 인파는 북한의 '인민'도 남한의 '국민'도 아닌 그저 살려야 하는 사람들일 뿐이었다. 휴머니즘에 입각한 그의 간절한 요청이 냉정한 미군 사령관의 마음을 흔들었다. 그들을 그대로 놔두고 떠나면 물밀듯이 내려오고 있는 중공군에 의해 휩쓸리거나, 미군의 소개령(疏開令)에 의해 막대한 피해를 볼 수도 있던 참이었다.

⊗ 크리스마스의 기적 일군 모두의 노력

현봉학은 최대한 많은 피란민을 배에 태우려 했다. 말 그대로 꾸역꾸역 태웠다. 어느 정도까지 피란민을 태웠냐면, 갑판과 객실은 물론 엔진실과 선박 하단 물탱크 입구까지 사람들이 앉을 수도 없이 들어차 서로 반듯이 마주 보고 서 있어야 할 정도였다.

너나 할 것 없이 모두가 살아야겠다는 생각에 빈틈없이 빼곡하게 자리를 채웠다. 그렇게 10만여 명의 사람들 모두 200여 대의 배에 나눠 태워 배치하는 데만 3일이 걸렸다.

만재흘수선을 넘길 정도로 사람들을 가득 태운 빅토리아호는 1950년 12월 23일 부산을 향해 출발했다. 흥남에서 부산까진 스물여덟 시간이 걸렸다. 약 이틀 동안 배에 타고 있던 사람들은 피로와 허기, 요의(尿意) 따위를 모두 참아야만 했다. 10만 명에 가까운 사람들이 운명공동체가 되어 한마음 한뜻으로 무사하길 기도하는 순간이었다.

현봉학 역시 피란민들이 모두 안전하게 부산에 닿을 수 있길 간절히 바랐다. 스스로가 해방 월남민의 입장에서 전쟁 때문에 월남하는 사람들의 심정을 누구보다 잘 이해하고 있었다.

넘실대는 파도를 헤쳐 가며 칠흑 같은 바다를 유유히 항해하던 배가 12월 24일 부산항에 도착했다. 그런데 이미 전국 방방곡곡에서 내려온 피란민들로 넘쳐난다는 이유로 입항이 거절되었다. 하는 수 없이 50마일을 더 항해해 12월 25일 거제도 장승포항에 피란민들을 하선시킬 수 있었다.

엄청나게 많은 사람이 열악한 여건에서 먹지도 자지도 못하고 견뎠으니, 피로와 굶주림으로 초주검이 될 지경이었다. 3일간의 항해 동안 고령자와 병약자 들이 더러 몇 죽었고 다섯 명의 아기가 태어났다. 삶과 죽음의 섭리였다.

북한 피란민들이
흥남에서 탈출하기 위해
물에 뜨는 거라면
다 활용하고 있다
(강성현 성공회대 교수 제공)

사람들은 흥남부두 피란민 철수 작전을 '크리스마스의 기적(The Miracle of Christmas)'이라고 부른다. 실제로 이날 피란민 수송을 담당한 미군의 공식 군사작전명은 '크리스마스 카고(Christmas Cargo)'였다. 훗날 기억에 윤색이 가해지고 체제 경쟁에서 빛나는 위치를 선점하려는 의도로 자유주의 진영에서 부러 만들어낸 말이다.

하지만 모든 걸 차치하더라도 이날의 사건은 충분히 '기적'이라고 부를 만하다. 전쟁 통에 무사히 살아남았다는 사실 하나만으로도 기적이라는 호명이 전혀 아깝지 않다.

빅토리아호가 부산에 도착할 때까지 아무런 피해 없이 항해를 지속할 수 있었던 것 자체가 전쟁 중에 보기 드문 기적 같은 일이었다. 10만여 명의 간절한 염원과 그들의 생존을 위해 헌신한 조력자들의 노력이 한데 합쳐진 결과였다. 또 미군 전투기의 호위도 그들의 안전을 지키는 데 크게 한몫했고, 북한군도 민간인을 몰살시키려는 작전에 섣부르게 나서지 않았다.

치열하게 싸우다가도 크리스마스가 되면 총성을 멈추고 참호 속에서 서로 캐럴을 주고받았다는 제1차 세계대전 당시 유럽 전선의 낭만적인 이야기가 떠오를 정도이다.

빅토리아호가 부산을 향해 항해를 하던 그날이 우연히 '크리스마스 이브'여서 그랬는지 전쟁 중인 남과 북 모두 '한 줌의 도덕'을 공유하고 있어서 그랬는지, 어쨌든 빅토리아호는 기적처럼 무사히 부산에 도착할 수 있었다. 아수라에서 출발했지만 크리스마스 이브의 바닷길은 내내 고요하기만 했다.

⊗ 자유민주주의 승리 아닌 휴머니즘의 발로

빅토리아호에서 내린 피란민들은 부산으로 향했다. 당장 먹고살아야 했으니 사람이 많이 몰리고 물자가 도는 대도시로 향하는 게 당연했다. 그중엔 자식을 두고 양주(兩主)만 내려온 이도 있었고, 먼길 거동이 어려운 부모를 두고 형제자매끼리만 내려온 이도 있었다.

그들은 그래도 의지할 짝이 있으니 그나마 나았다. 혈혈단신으로 고향을 떠나 별안간에 천애고아가 되어버린 사람들 천지였다. 남쪽 지역은 따뜻할 거라는 기대와 달리 그해 겨울 부산은 바람이 몹시 거세고 추웠다.

훗날 남한에 정착해 자리 잡은 피란민들은 자유를 찾아 목숨 걸고 내려왔다고 회고하곤 한다. 하지만 실상 당시 피란민들 중엔 곧 다시 이북의 고향으로 돌아갈 것으로 기대하는 사람이 더 많았다.

실제로 그들 중에 영구적인 정착을 위해 부산에서 집과 땅을 사는 사람은 드물었고, 저마다 잠시 잠깐 눈 붙이고 밥 벌어먹을 수 있는 일을 찾아 나섰다. 숙식을 제공해주는 국제시장의 국수 공장, 밀가루 공장 등이 일거리를 찾아 나선 피란민들로 문전성시를 이뤘다. 밀기울이라도 얻어먹으려는 심산이었다.

전쟁이 끝나면 가장 먼저 고향으로 돌아갈 수 있는 배를 잡아탈 수 있을 거라는 기대에 피란민들은 부두 노동도 선호했다. 고된 노역이었지만 잠시만 견디면 된다고 생각했기에 괜찮았다. 그들에게 '부산살이'는 말 그대로 '임시적'인 것이었다.

궤짝으로 만든 '하꼬방'에서 겨우 몸을 뉘이고 하루하루를 견뎠다. 피란민들이 늘어나면서 부산의 야트막한 산엔 다닥다닥 판잣집이 들어섰다. 남루하고 궁색하게 살아남았지만, 목숨을 부지하고 고향에 갈 기대를 꺾지 않을 수 있게 된 걸 다행으로 여겼다.

사람들은 부산에 살면서도 떠나온 이북 고향을 잊지 않았다. 북한에 두고 온 가족을 그리워하며 이북의 고향에 다시 가고 싶어 하는 이들을 아무도 '빨갱이'라고 하지 않는다.

하지만 한국의 보수 진영에선 현봉학이 동포애를 발휘해 피란민들을 구제한 그날의 사건을 '자유민주주의의 위대한 승리'라고 선전하기에 여념이 없다.

현봉학은 중공군이 밀려 내려와 한국전쟁이 더 큰 전쟁으로 비화될 찰나, 그저 전쟁의 참화 속에서 동포들을 구해냈을 뿐이다. 고

향과 가족을 생각하는 피란민들의 안타까운 마음을 '그리움'이라고 칭하듯, 현봉학이 이뤄낸 성과는 '휴머니즘'에 입각한 '크리스마스의 기적'이라고 부르는 게 온당하다.

현봉학은 한국전쟁이 끝난 이후 다시 미국으로 건너가 펜실베니아대학교 의과대학에서 박사 학위를 받는다. 그 후 미국에서 의사와 교수 일을 하며 살았다. 말년에 한국으로 돌아

연세 세브란스병원에 근무하던 시절의 현봉학(세브란스 병원 제공)

와 모교 연세대학교 세브란스병원에서 잠시 교수직에 몸담았다.

한국 정부는 그의 공로를 인정해 현봉학 사후 10년째 되던 해인 2016년 보국훈장 통일장을 수여하고, 구(舊) 세브란스병원(현 서울시 중구 연세 세브란스 빌딩) 앞에 그의 동상도 세웠다.

살아생전 미국에서도 한국에서도 현봉학을 만난 사람들은 그를 영웅처럼 떠받들었다. 하지만 그는 늘 "그 자리에 당신이 있었더라도 마찬가지 행동을 했을 것"이라고 답했다. 자신은 숭고한 성인이 아니며, 철두철미한 반공주의자는 더더욱 아니라는 말도 함께 덧붙였다. 그는 자신을 그저 '평화주의자'라고 소개하곤 했다.

이 땅에 내려온
노동자들의 예수

끝끝내 지켜야 할 아름다운 이름,
전태일(全泰壹, 1948~1970)

⊗ 전태일 50주기, 앙상한 풍경들

지난 2020년 11월 13일은 전태일 사망 50주기였다. 한국 노동 운
동사에 깊게 새겨진 그의 업적을 기리는 행사가 곳곳에서 열렸다.
50주기를 1년 앞둔 2019년엔 그가 분신한 청계천 피복 공장이 있
던 자리 인근에 '아름다운청년 전태일기념관'도 개관했다. 정부 주
요 인사들은 물론 여당 지도부와 그의 뜻을 기리려는 시민들이 참
석한 성대한 개관식도 거행했다.

그곳엔 가난한 이웃과 고된 노동에 신음하는 동료들을 위해 헌
신하는 삶을 살았던 전태일의 흔적들이 착실하게 복원되어 있다.

전 대통령 이명박이 서울시장일 때 청계천을 복원한다며 분신 현장에 세워져 있던 전태일 동상을 철거하고 이동시켰던 것과 비교하면 사뭇 달라진 세태다.

하지만 50주기를 맞아 전태일의 업적을 폄하하고 그를 공격하는 반동적인 움직임도 더욱 거세졌다. 국내 최대의 일간지들인 '조중동'이 대표적이다.

그들은 전태일이 "현재 가치로 환산하면 연봉 1억 원 가까운 급여를 받던 고급 기술직"이고 "그의 분신자살은 운동권 배후 세력의 조종에 의한 희생"이라며 그게 바로 "전태일에 대한 팩트"라고 주장한다.

전태일이 '시다'에서 시작해 '재단사'까지 승급한 걸 두고 하는 말이며, 배후 세력 운운은 분신 당시 그의 몸에 라이터로 불을 붙여줬다던 '김개남'이라는 미궁 속의 인물을 확대 해석한 것에 지나지 않는다.

⊗ 전태일 폄하의 부박한 논리들

전태일은 집안이 너무 가난해 초등학교도 제대로 졸업하지 못했다. 열일곱 살 때 고향 대구에서 상경해 청계천 평화시장 피복점에 들어가 '시다'로 불리는 재단 보조로 노동자의 삶을 시작했다. 보통 하루에 열네 시간 이상 일을 했으며, 한 달에 딱 두 번 쉬었다.

그때 받았던 임금은 일당 50원에 지나지 않았다. 일요일도 쉬지

| 청계천 피복공장에서 전태일

못하고 주 7일 동안 일할 때가 많았다. 시다로 일을 시작한 지 5년
이 지나 운 좋게 남보다 빠르게 재단사가 될 수 있었다. 그렇지만
실상은 재단사 아버지를 따라 초등학생 때부터 재봉일을 시작했으
니 15년 넘는 경력이 쌓인 뒤에 겨우 재단사가 된 셈이다.

재단사가 된 뒤 약 2만 3천 원 정도의 월급을 받았다. 당시 1인
당 국민소득에도 미치지 못하는 적은 금액이었다. 물론 재단사의
월급은 시다 때와는 비교도 할 수 없을 정도로 많은 금액이기도 했
지만, 재단사를 고임금 노동자로 볼 근거가 되는 건 아니다. 오히려
동대문 평화시장 재단 노동자들의 임금 자체가 터무니없이 낮았다
고 보는 편이 맞다.

재단사가 된 이후에야 겨우 도시근로자의 평균적인 급여를 받았
다고 해도, 주당 90시간이 넘는 살인적인 노동 시간을 간과할 수 없

다. 전태일이 급여를 많이 받는 귀족노동자였다고 주장하는 이들은 파렴치한 계산법으로 전태일을 욕보이고 있다고 볼 수밖에 없다.

전태일 분신의 배후에 운동권 세력이 있었다는 이야기 역시 아주 오랫동안 사실인 양 회자되었다. 무학(無學)의 노동자가 스스로 깨쳐 '근로기준법'과 '노동자의 권리' 운운할 수 없다는 엘리트주의적 편견이 이런 헛된 주장을 더욱 강화했다.

전태일이 일기장에 남긴 안타까운 절규이기도 했던 "근로기준법을 함께 읽을 대학생 친구 하나만 있었으면 좋겠다"라는 말을 통해서도 알 수 있듯이, 전태일은 대학생 운동권 세력과 분리되어 철저하게 고립된 존재였다.

노동자로서의 빛나는 영성과 타고난 됨됨이 그리고 굳은 신념과 실천력이 그를 노동 운동으로 이끌었다. 당시 전태일의 죽음을 목격하고 충격을 받은 뒤 훗날 『전태일 평전』을 남긴 조영래 변호사의 사례를 통해서도 알 수 있다.

오히려 한국의 엘리트 운동권이 전태일의 죽음을 계기로 노동자들과의 연대에 나선다. 즉 기존의 운동권이 전태일을 만든 게 아니라 전태일의 삶과 죽음이 한국의 민주화 투쟁과 노동 운동의 방향을 설정하는 데 크게 기여한 것이다.

전태일을 둘러싼 볼썽사나운 논란은 실상 한국의 노동 운동사 전반을 부정하려는 음험한 시도와 연관되어 있다. 산업화와 민주화 시기를 지나며 요행과 술수로 기득권에 안착한 수구적인 엘리트 지식인과 자본가 들에게 전태일의 삶은 도무지 이해할 수도 흉내 낼 수도 없는 성질의 것이었기 때문이다. 그러니 그에 대한 폄하나 불신만이 자신들의 부박한 삶을 정당화하는 유일한 방편이 될 수 있었다.

⊗ 소박하고 평범하지만 마음 착한 청년

한국 노동 운동의 상징인 전태일은 완전무결한 노동열사가 아니었다. 그는 동료들과 어울리길 좋아하는 소박한 청년이었으며, 일하는 것보다 놀며 쉬는 걸 좋아하는 지극히 평범한 인간이기도 했다.

다만 그는 자신이 배고픈 만큼 남도 배고플 수 있다는 사실을 먼저 생각했다. 내가 쉬고 싶은 것만큼 다른 노동자들도 일요일만큼은 일하지 않을 수 있게 되길 바라기도 했다.

당시 전태일과 함께 일하던 여공들은 쥐꼬리만 한 일당으로 호떡이 먹고 싶어도 사 먹을 수 없는 처지였다. 어머니 내복을 사고 동생 학비를 대려면 변변한 식사는커녕 군것질거리에도 눈을 돌릴 수 없었다.

네 명이 함께 생활하는 단칸방 하숙비도 월급에서 쪼개 내야 했고, 일하는 데 필요한 장갑이나 골무 등속도 사비로 충당해야 했다. 잠도 못 자고 잔업을 하는 통에 졸음을 참지 못할 때면 손가락이 재봉틀 바늘에 찔려 피가 터지는 경우도 많았다. 실수로라도 비싼 옷감 손질을 망치면 제 돈으로 물어내야 해서 며칠 일당을 고스란히

바보회 회원들과 찍은 사진
(뒷줄 가운데가 전태일)과
그의 명함(전태일재단 제공)

날려버린다.

전태일은 자신보다 못한 대우를 받는 여공들에게 늘 붕어빵과 풀빵을 사다줬다. 지나가다가 마주친 배고픈 여공들을 데려다가 백반과 찌개를 사 먹이기도 했다. 전태일은 품성 자체가 타고난 이타적 인간이었다.

훗날 정보 당국에 의해 지하 노동 운동 조직으로 지목된 '바보회'나 '삼동회'를 만든 것도, 청계 피복 공장 동료들과 좀 더 사이좋게 지내고 함께 더 나은 삶을 모색해보고자 하는 의도에서였다.

다만 '바보'라는 명명에서 드러나듯 지금은 아무것도 알지 못하고 해내지 못하지만 결국 우직하게 깨쳐 노동자의 권리를 찾을 수 있는 모임이 되길 바라는 뜻은 있었다.

당시엔 정부나 사용자 모두 노동자들의 회합이나 조직이라면 지레 질겁하는 때여서, 지금으로 보면 계모임에 불과할 수도 있던 모임을 조직한 대가로 그는 청계 피복 공장에서 해고되었다. 동대문에서 쫓겨난 뒤 청량리까지 밀려나 다시 밑바닥 재단 보조 일을 해야 했던 것도 그 때문이었다.

⊗ 연민과 동정에서 투쟁과 저항으로

전태일은 애초부터 과격한 투쟁가가 아니었다. 그가 근로기준법과 노동권에 대해 처음 생각하게 된 것도, 동료들이 좀 더 인간답게 살 수 있을까에 대한 연민과 동정의 감정이 출발점이었다. 그런 생각을 갖고 둘러보니 이미 노동자들의 권리를 보호하기 위한 정부 기구인 노동청이 있었고 노동법도 마련되어 있었다.

그런데 당시 노동청은 노동자를 위한 기구라기보다 고용주의 입장만을 반영해 노동자를 감시하고 통제하는 기관에 가까웠다. 노동법 역시 있으나 마나 한 경우가 많았다. 노동자의 권리는 법전에 명문화되어 있을 뿐 실효적인 건 거의 없었다.

실제 노동 현장에서 노동법을 준수하라고 주장하면 애송이 대우를 받거나 간첩 취급을 받을 정도였다. 당시 한국 사회에서 노동법은 존재하나 눈에 보이지 않는 유령 같은 법이었다.

이런 상황에서도 전태일은 순진한 구석이 있었다. 노동 문제를 해결하고자 대통령에게 편지를 보내기로 한 것이다. 노동청과 시청, 구청을 방문하고 청와대에 편지를 쓰는 등 청계천 피복 노동자들의 열악한 노동 조건과 저임금 사정을 알리고, 노동 환경을 개선하기

위해 무진 애를 썼다.

박정희 대통령과 서울시장에게 청계 피복 노동자의 자세한 사정을 꾹꾹 눌러 적은 편지를 계속 보냈다. 실제로 그는 박정희 대통령을 가장 존경하고 반공주의를 제일 중요한 가치로 여기는 소시민이기도 했다.

하지만 답장은 오지 않았다. 그렇게 소득도 없이 편지를 계속 보내다가 아주 오랜 시간이 지난 뒤에야 온건한 방식만으론 현실 문제가 전혀 해결되지 않는다는 사실을 알게 된다.

결국 극단적인 투쟁의 방법을 사용해야 한다는 깨달음에 이른다. 1970년 11월 13일 그날의 분신은 그렇게 이뤄졌다. 전태일은 누군가의 사주를 받은 것도 아니며 애초에 과격한 폭력주의자 역시 아니었다.

오랫동안 숱하게 외친 노동자의 권리와 인권 문제에 대해 어느 곳에서도 답을 주지 않았기 때문에, 마지막으로 극단적인 충격요법을 사용할 수밖에 없다고 결심한 것이었다.

그가 제 몸에 석유를 붓고 불을 붙이기 전에 어느 누군가라도 노동자의 권리를 지키기 위해 진지한 노력을 함께 기울여보자는 한마디 답장을 했더라면 그는 분신을 선택하지 않았을 것이다.

그날 전태일은 죽음을 각오하지 않은 건 아니었지만 실제로 죽으려 한 것도 아니었다. 단지 충격적이고 놀라운 장면을 연출해 많은 사람에게 노동권 문제를 상기할 기회를 마련해보고 싶었다.

결국 전태일은 평화시장 앞에서 "근로기준법을 준수하라", "일요일은 쉬게 하라"라고 외치며 산화했다. 투쟁에 과몰입한 상황에서의 즉흥적인 선택이 그의 분신을 이끌어 냈다고 볼 수 있지만, 그렇다고 그의 분신이 헛된 죽음이 될 순 없다.

그는 다른 많은 노동자의 권리를 위해 스스로를 희생했다. 전태일은 1960~1970년대 이 땅에 내려온 노동자들의 예수였다.

⊗ 전태일의 죽음 이후, 청계천에선

전태일의 죽음은 그야말로 혁명적이었다. 그의 분신은 한국 사회에 돌이킬 수 없는 화인으로 남아 있다. 그의 죽음은 살아남은 자들의 인생에도 큰 영향을 끼쳤다.

그의 어머니 이소선 여사는 죽기 전까지 모든 노동 운동가의 어머니로서 함께 투쟁하고 노동 운동가들의 처지를 돌봐주는 자애로운 삶을 살았다.

그의 여동생 전순옥은 영국에서 노동사회학 박사 학위를 받고 돌아와 노동법을 전문적으로 입안하는 국회의원이 되었다.

근로기준법이 살아 숨 쉬는 법이 된 것도 그의 죽음 이후였다. 노동자의 인권이 중요하게 여겨지게 된 것도 그의 죽음이 있고 나서였다. 그의 죽음 이후 노동자도 죽지 않을 정도로 일하고 먹고 싶을 만큼 벌며 함부로 다치면 안 되는 존재가 되었다.

1970년대 한국 노동 운동을 이끈 핵심 세력이었던 '청계피복노동조합'이 결성된 것도 그의 죽음 직후였다. "우리는 기계가 아니다"라는 선언을 남긴 전태일의 분신 이후 청계천에서도 비로소 기계와 사람을 구별했다. 오늘날 한국의 노동자는 물론 한국 사회의 시민 모두가 전태일에게 일정한 빚을 지고 있는 셈이다.

그러나 전태일에 대한 험담과 그에 대한 격하 역시 끝 모르게 이어진다. 이러한 부정한 의식은 한국 사회 기득권 엘리트 지식인들의 강퍅함과 수양 부족을 드러낸다.

신새벽과 벌건 대낮, 한밤중 어느 때라도 청계천 뒷골목에 한 번이라도 나가 본 사람이라면 안다. 전태일이 어떤 환경에서 성장했는지, 또 그가 그토록 연민하고 애정하던 노동자의 삶이 어떤 냄새와 소리를 가지고 있는지.

\<청계천 8가\>

파란불도 없는 횡단보도를
건너가는 사람들
물샐틈없는 인파로 가득 찬
땀 냄새 가득한 거리여
어느새 정든 추억의 거리여
어느 핏발 서린 리어카꾼의
험상궂은 욕설도
어느 맹인부부 가수의 노래도
희미한 백열등 밑으로
어느새 물든 노을의 거리여
뿌연 헤드라이트 불빛에
덮쳐오는 가난의 풍경
술렁이던 한낮의 뜨겁던 흔적도
어느새 텅 빈 거리여
칠흑 같은 밤 쓸쓸한 청계천 8가
산다는 것이 얼마나 위대한가를
비참한 우리
가난한 사랑을 위하여
끈질긴 우리의 삶을 위하여

노래: 천지인

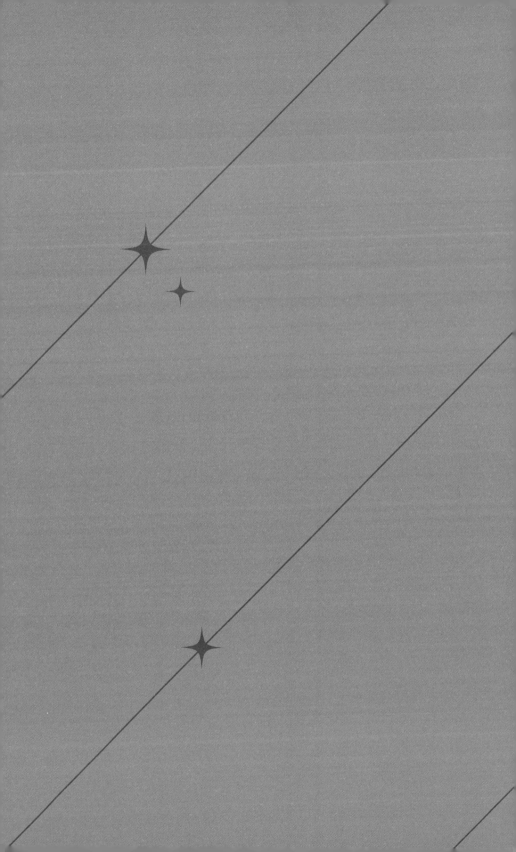

3부

시련을 견뎌낸
존재들

진창현

김벌래

김중업

전형필

김윤심

김일

이창호

성철

마이너리티 한계 딛고
꽃 피운 장인의 솜씨

바이올린 마스터 메이커,
진창현(陳昌鉉, 1929~2012)

⊗ 일본 바이올린 제작자 간첩 사건

한일국교가 정상화된 이후 1968년 고향 경북 김천을 방문한 일본
교포가 구속되는 사건이 있었다. 대공 혐의였다.

일본에서 바이올린 제작 공방을 열어 자수성가한 뒤 25년 만의
고향 방문이었지만, 간첩으로 몰려 붙잡혀 가는 통에 부모님 산소
도 그리운 옛집도 제대로 볼 수 없었다. 중앙정보부로 끌려간 그는
으레 그렇듯 모진 고문부터 받았다.

자기는 일본에서 바이올린 만드는 사람일 뿐 간첩이 아니라고
주장해도 믿어주지 않았다. 그가 한국에서 간첩 혐의로 구속되었다

는 소식이 일본에 전해지자 명망 있는 일본 음악인들이 발 벗고 나서 그의 무고를 청원했다. 결국 일본 경찰의 신원 보증을 받고서야 겨우 풀려날 수 있었다. 되돌려 생각하기 싫은 아찔한 경험이었다.

그를 간첩으로 신고한 사람은 어이없게도 오랜만에 고향을 찾은 그의 성공에 질투심을 느낀 이복형이었다. 그의 국적 문제가 아리송했던 사정도 중앙정보부의 의심을 사 쉽게 풀려나지 못했던 원인으로 생각된다. 일본에 살고 있던 그는 일본 국적자가 아니었으며, 대한민국 국적도 북한 국적도 아닌 '조선적(朝鮮籍)'을 유지하고 있는 수상쩍은 사람이었기 때문이다.

조선적은 해방 이후 군정 체제하에서 재일동포들에게 부여한 임시 국적이다. 남북 각각 단독정부를 수립한 이후 재일동포들은 남한과 북한 중 하나를 선택해 국적을 변경했다.

여러 사정 때문에 국적 선택을 미룬 교포들이 일부 있었는데, 그들은 일본은 물론 남북 양측으로부터 전혀 보호받지 못하는 처지로 전락했다. 어디에도 속하지 않는 일종의 무국적자였기 때문이다.

조선적을 유지한 재일동포들의 마음과 태도를 완전히 이해하긴 어렵다. 다만 그들은 남과 북으로 갈린 분단 조국 중 어느 한 편을 선뜻 택할 수 없었을 테고 일본 국적으로 바꿔 일제의 후예가 되는 길도 원치 않았을 것이다. 조선적 재일동포는 2022년 현재까지도 3만 명이 넘게 존재하고 있으며, 이들의 국적 문제는 여전히 해결하지 못한 현대사의 난제이기도 하다.

당시 일본에서 조선적을 유지하고 있던 사람들 중엔 소위 '조총
련'이라고 불리는 '재일본조선인총연합회' 소속인 경우가 많았다.
조총련은 일본 거주 조선인들의 자립 단체를 표방하고 있었지만 누
구나 아는 친북 성향의 단체였다.

그러니 조선적 소유자였던 그를 간첩으로 모는 건 상대적으로
수월했다. 조총련이 조선적을 가진 사람들로 구성된 단체였으나, 모
든 조선적 사람이 조총련인 건 아니었다.

하지만 남북한 이념 대립이 극심했던 1960년대 중앙정보부가
어렵사리 한국을 방문한 조선적 인사를 가만 놔둘 리 없었다. 다행
히 간첩 혐의를 벗고 풀려났지만, 몹쓸 경험을 한 뒤에도 그는 대한
민국 국적도 아니요 조선민주주의인민공화국 국적도 아닌 조선적
으로 평생을 살았다.

전 세계에서 다섯 명뿐인 '마스터 메이커(Master Maker)' 호칭을
부여받은 바이올린 제작 장인 '진창현'이 바로 그다.

진창현의
바이올린 제작 작업 모습

⊗ 교사의 꿈 접고 바이올린 제작자로 변신

진창현은 식민지 시기 말 전쟁을 수행하던 일제의 총력전 체제하에서 강제 징병을 피하고자 일본으로 떠났다. 일제 강점기 식민지 조선인의 한계 속에서 성공하기 위해선 순사가 되어야 한다는 아버지의 강요를 물리치고 교사의 꿈을 버리지 않았다.

태평양 전쟁이 한창이던 1943년 후쿠오카로 건너가 고된 막일을 해가며 생계를 유지했고, 야간 학교를 나와 겨우 중학교 졸업장을 받았다. 이후 요코하마로 이주해 인력거를 몰아 학비를 벌었고, 그토록 소망하던 대학에 어렵게나마 입학할 수 있었다.

일본에서도 명문으로 알려진 메이지대학교 야간학부 영문과에 들어갔다. 다만 학비를 대고 밥을 먹기 위해선 일을 놓을 수 없었다.

그는 여타 일반적인 인력거꾼과 달리 손으로 끌지 않고 자전거에 편히 앉아 갈 수 있는 안장을 뒷좌석에 달아 손님을 태웠다. 어렸을 때부터 머리가 비상하고 손재주가 좋았기에 가능한 일이었다.

진창현의 '린타쿠(輪タク)*'는 당시로선 매우 빠르고 편리하게 이용할 수 있는 탈 것이었기 때문에, 맨발로 달리며 손으로 끌던 여타 인력거꾼보다 벌이가 좋을 수밖에 없었다.

주경야독 끝에 대학을 졸업하고 영어교사 자격증을 취득했지만,

---

* 자전거의 뒤나 옆에 손님이 탈 수 있는 자리를 만든 삼륜차. 제2차 세계대전 후 한때 택시 대용으로 쓰이기도 했다.

조선인이라는 이유 때문에 교사로 채용되지 못했다. 절망적이었다. 그렇게 열심히 살아왔건만, 민족의 한계를 넘어서지 못하는 처지가 괴로웠다. 그러나 가만히 있을 수만은 없었다.

어느 날 우연히 바이올린 '스트라디바리우스(Stradivarius)' 소개 강연을 듣고, 그 기술과 소리에 매혹되어 현악기 제작자가 되기로 결심한다. 일본 바이올린 장인들을 찾아가 제자로 받아주길 간청했으나 조선인이라는 이유로 모두 거절당했다. 그럼에도 바이올린 제작자의 꿈을 포기하지 않고, 채석장과 벌목장에 나가 막일을 하며 생계를 유지하고 버텼다.

아무도 제자로 받아주지 않고 기술도 배울 수 없으니 혼자서 해보는 수밖에 없었다. 그는 짬짬이 어깨너머로 본 기억을 되살려 혼자 힘으로 바이올린을 만들었다. 어렵게 번 돈으로 구매한 피 같은 악기를 조각조각 해체해보며 독학으로 바이올린의 제작 원리와 음향 이론을 익혔다.

바이올린 만들기에 열을 올리니 금방 솜씨가 좋다는 소문이 났다. 얼마 지나지 않아 어린이들에게 바이올린을 가르치는 학원에서 유아 연습용 바이올린을 납품해달라는 요청이 들어왔다. 비록 유아용이나 연습용에 불과했지만 그는 열과 성을 다해 바이올린을 만들어 공급했다. 차후 조금이라도 문제가 생기면 수리해주거나 바꿔줬다. 일본 장인의 솜씨 못지않은 실력과 자신이 만든 악기를 끝까지 책임지는 태도가 주변에 알려지면서 주문량도 점차 늘어났다.

진창현이 초창기에 만든 바이올린의 값은 3천 엔에 불과했다. 재료 값과 일하는 품을 생각하면 남는 장사가 못되었다. 처음부터 끝까지 혼자서 하는 일이고 정성 들여 만들어야 했기에 일주일에 겨우 한 대를 만들 수 있었다. 잠을 줄여가며 생산 대수를 늘렸고 목재를 직접 골라오는 수고를 감당해야만 약간의 이문을 남길 수 있었다.

⊗ '진공방' 개소, 장인의 전성기를 열다

1961년 가을이 되어서야 비로소 제작소 사정이 안정되었다. 어렵게 살림을 꾸려가던 아내와 자식들에게 면이 설 정도가 되었다.

오래전부터 품어온 '스트라디바리우스' 재현의 꿈이 다시 떠올랐다. 아무도 흉내 낼 수 없는 명품 바이올린을 제작해보고 싶은 욕심이 생겼다. 고급 악기 제작소가 모여 있는 도쿄 인근으로 이주해 당당히 경쟁해보겠다고 결심한다. 곁에서 묵묵히 고생을 견디던 아내 역시 그의 도전을 격려해줬다. 고마운 일이었다.

20세기 기술로도 17~18세기에 만들어진 스트라디바리우스를 뛰어넘는 악기를 제작하는 건 불가능하다는 음악학계의 분석을 뛰어넘고 싶었다. 모두가 불가능하다고 했기 때문에 도전 정신이 더욱 불타올랐다. 초창기 3천 엔을 받던 그의 바이올린은 훌륭하다는 입소문으로 주문이 밀려들어 10만 엔까지 오른 상황이었다.

진창현의 솜씨는 날이 갈수록 발전했다. 처음부터 독학으로 혹독하게 수련한 덕분이고, 벌목장에서 일했던 경력을 살려 남보다 뛰어난 원재료를 구할 수 있는 안목도 있었다.

그는 목재를 섬세하게 따져가며 골랐다. 악기 원재료를 공급하는 목재상에 매일같이 방문해 좋은 나무가 들어왔는지 직접 눈으로 보고 만져가며 살펴볼 정도였다.

바이올린 도색에 필요한 염료를 구하기 위해, 좋은 재료가 있다는 소식을 들으면 남아메리카와 아프리카까지 다녀오는 수고를 마다하지 않았다. 염료의 원료로 오징어 먹물이나 지렁이를 사용해보기도 하는 등 원목의 기운과 현의 소리를 해치지 않는 독창적인 염료를 만들기 위해 사력을 다했다.

한 번은 염료를 직접 만들다가 화학 약품이 폭발해 큰 화상을 입은 적도 있다. 급히 병원에 실려 갔지만, 당시 조선적이었던 진창현의 신원을 확인한 병원이 그를 테러범으로 오인해 치료를 거부하고

작업실에서
본인이 만든 악기를
들고 있는 진창현

경찰에 신고하기도 했다.

일본에서 둘째가라면 서러울 정도로 뛰어난 바이올린 제작 기술을 보유했지만, 그는 여전히 일본인들에게 '자이니치(재일 한국인)'만도 못한 '조센징(식민지 조선인을 하대하는 표현)' 취급을 받았다.

도쿄 센가와 지역에 개소한 '진공방'은 그 자신의 성(姓)을 따서 이름을 지은 제작소였다. 이제 그의 바이올린은 일본 전역에 소문이 날 정도가 되었다. 유명 음악인들도 오래 기다리는 걸 감수하고 예약하는 등 그의 악기를 구매하고 싶어 했다. '일본의 스트라디바리'라는 별칭을 얻은 것도 이때부터다. 그가 공들여 만든 악기는 그즈음 100만 엔을 호가하는 수준이 되었다.

⊗ 전 세계 다섯 명뿐인 '마스터 메이커'

이제 일본에서 진창현의 솜씨를 상대할 자는 없었다. 1976년엔 미국에서 열린 '국제 현악기 제작자 콩쿠르'에 출전해 바이올린, 비올라, 첼로 등 다섯 개 종목에 걸쳐 금메달을 땄다. 한 사람이 여섯 종목 중에서 다섯 종목을 석권했으니 난리가 났다.

세계적인 권위를 지닌 이 콩쿠르는 쟁쟁한 거대 악기 제조사들이 앞다퉈 '베스트 엔지니어' 혹은 '에이스 기술자'를 내보내 자회사의 성과를 과시하는 대회였다. 보통 미국과 유럽의 명문 제작사들이 메달을 싹쓸이했다. 동양의 조그만 개인 공방에서 출전한 무명 기술자를 눈여겨보는 이는 없었다.

진창현 역시 수상에 대한 기대는 크게 하지 않았다. 독학으로 시작해 이만큼 성장한 자신이 세계적인 대회에 참여했다는 것만으로도 영광이라고 생각했다.

첫 우승자를 호명하는 순간, 진창현은 객석에 앉아 졸고 있었다. 시차를 견디기 어려웠기 때문이다. 얼떨결에 무대 중앙으로 불려 나갔지만, 학창 시절 영어교사를 꿈꾸고 대학 영문학과를 졸업한 영어 실력 덕분에 수상소감을 멋지게 전할 수 있었다.

일본은 물론 전 세계에 우승 소식이 타전되었다. 이후 일본 정부가 공식적으로 그에게 귀화를 요청했다. 하지만 그는 자신이 선택한 조선적을 끝까지 바꾸지 않았다. 한국에도 그가 일본 최고의 바이올린 제작 명인이 되었다는 소식이 들려왔다.

한국 연주가들도 그의 악기를 구하고 싶어 했지만, 여전히 조선적 출신임을 문제 삼은 공안 당국이 그의 악기를 반입하지 못하게 했다. 안타까운 일이었다.

진창현의 실력은 나날이 갱신되어, 어느덧 세계 제일의 장인으로 대접받았다. '스트라디바리우스'나 '과르네리(Guarneri)' 같은 최고 명품 악기만 고집했던 일류 바이올리니스트들이 그를 직접 찾아와 악기를 만들어 달라고 부탁했다.

1984년엔 '미국바이올린제작자협회'에서 그에게 '마스터 메이커' 칭호를 수여했다. 그가 만든 악기가 더 이상 다른 이의 감수를 받을 필요가 없을 정도로 완벽하다는 의미였다.

바이올린처럼 민감한 악기는 온도와 습도 같은 외부 조건의 조그만 변화에도 소리가 달라지고 외형도 뒤틀리기 쉬워 끊임없이 조율하고 검사해야 한다.

스트라디바리우스가 수백 년이 지나도 태초에 냈던 소리의 신비를 간직하고 있는 것처럼, 그가 만든 악기도 오랜 세월이 지나도 변함없이 훌륭하고 뛰어날 거라는 사실을 인정받은 것이다.

'무감사(無監査) 제작자'로 선정되어 마스터 메이커 호칭을 부여받은 사람은 전 세계에 다섯 명밖에 없다. 그만큼 마스터 메이커는 드물고 귀한 명성이다. 진창현이 만든 바이올린은 그중에서도 "스트라디바리우스에 가장 근접한 악기"라는 평을 들을 정도로 독보적이었다.

2004년 일본 후지TV에서 그의 일대기를 그린 드라마 〈해협을 건너는 바이올린〉을 제작하기도 했다. 한국 출신 인사에게 인색하기로 유명한 일본 방송사가 보여준 의외의 행보였다.

한국에 '초난강'이란 이름으로 알려진 배우 '쿠사나기 츠요시'가 그의 역할을 맡았다. 드라마의 인기도 상당했다. 진창현이 조선인이라는 사실에 거부감을 가지고 있던 많은 일본인도 그의 실력과 장인 정신을 인정하지 않을 수 없었다.

2008년엔 일본 고등학교 2학년 영어 교과서에 그의 일대기가 에세이로 실리기도 했다. 일본의 공식 교과서에 소개된 한국인은 그가 처음이었다. 한국에서도 그가 거둔 성과를 기리자는 분위기가

일본 영어 교과서에 실린
진창현의 일대기 에세이

만들어져, 2008년 드디어 그에게 대한민국 국민훈장 무궁화장이
수여되었다. 무궁화장은 정부에서 수여하는 최고 등급의 훈장이다.

진창현의 일본인 부인은 이름이 '나미코'였지만, 한국을 방문할
때마다 자신을 '이남이'라고 소개할 정도로 한국에 호의적이었다.
하지만 진창현은 2012년 대장암으로 사망하기 전까지 한국과 일본
양 정부의 끈질긴 구애에도 불구하고 평생을 유지해온 조선적을 바
꾸지 않았다.

그는 자서전 그리고 언론 인터뷰 등에서 "마이너리티(minority)
조건이 지금의 나를 만든 배경"이라는 말을 줄곧 해왔다. 식민지인
으로서 겪어야 했던 엄혹한 시절의 삶은 물론 평생을 조선적으로
살며 일본에서 받았던 숱한 차별과 멸시가 자신에게 불같은 열정과
예술혼을 불러일으켰다는 것이다.

간첩 소동을 빚었던 그 사건 이후 수십 년이 지나 다시 고향을

찾았을 때, 많은 사람이 그를 반겨주고 성대하게 환영식을 열어줬다. 하지만 그는 조용하고 나긋하게 고향 방문을 마치고 일본으로 돌아갔다. 세상 어느 누구도 따라올 수 없는 기술을 보유한 바이올린 제작자가 되었음에도 젠체하지 않고 뽐내지 않았다. 그저 유년 시절을 보냈던 옛 집터를 둘러보고 부모님 산소를 찾아가 조용히 절을 올렸을 뿐이다.

그는 말년에 혼신의 힘을 다해 제작한 악기 넉 점을 한국에 기증하기도 했다. 당시 한 대당 5억 원을 줄 테니 바이올린을 만들어 달라는 주문이 들어왔지만 미루고 '광주호', '대구호', '한라호', '백두호'라고 이름 붙인 악기를 먼저 만들어 한국으로 보내왔다. 자신의 삶이 이제 얼마 남지 않았다는 사실을 자각하고 지나온 인생을 반추하고 조국을 생각하며 만든 이 악기들은 현재 한국 여러 도시의 전시관에 나뉘어 보존되고 있다.

그가 세상을 떠난 뒤 진공방은 그의 유일한 제자이자 아들인 장남 진창호가 운영하고 있다. 요즘도 가끔 진공방에선 진창현이 말년에 손수 만든 유작 악기 일부가 공개되어 경매 입찰에 부쳐지기도 한다. 그때마다 전 세계 연주가와 악기 애호가 들이 수백만 달러를 주고서라도 그가 만든 마지막 악기를 손에 넣으려 경쟁하기도 한다. 사람들은 여전히 그를 "20세기 동양에서 다시 태어난 스트라디바리"로 부른다.

소리 만들기의 시작은
듣는 것에서부터

한국 음향 기술계의 소문난 괴짜,
김벌래(金伐來, 1941~2018)

⊗ 즐거운 장난과 평생의 직업

아무리 즐거운 '취미'라도 '일'이 되면 고단한 법이다. 힘들게 직장
을 구한 뒤 소명의식을 갖고 열심히 일해봐도 '권태'와 '회의'는 어
김없이 찾아온다. 소질과 적성에 맞지 않는 일이라면 겹겹이 쌓이
는 스트레스가 영혼을 잠식할지도 모른다.

취미는 경쟁이 필요 없는 '유희'의 영역이고, 일은 이윤과 성취를
요구하는 '경쟁'의 영역이기 때문이다. 밤을 샐 정도로 게임을 좋아
하고 많이 하던 아이가 프로게이머가 된 후, 게임이 너무 힘들고 지
친다며 도망갔다는 사연이 '웃픈' 까닭이다.

장난도 일이 되면 재미가 없다는 말이 있는데, 그렇다면 거꾸로 일을 장난처럼 하면 어떨까. 평생 자신의 일과 작업을 "즐거운 장난"이라고 부르며 살았던 인물이 있다. 한국 음향 기술계의 소문난 괴짜이자 선구적 업적을 남긴 '김벌래'가 그 주인공이다.

그는 평생 신나게 사는 게 목표이자 꿈이었던 사람이다. 미치도록 즐기고 일을 통해 행복을 얻는다면 부와 명예 따위는 아무래도 상관없었다. '음향'이라는 한 분야에만 푹 빠져들어 평생을 골몰했다. 원하는 소리를 만들어낸 뒤 스스로가 마음에 들고 사람들이 기뻐하고 즐기면 그것으로 족했다.

김벌래는 자연스레 한국 음향계 최고의 자리에 올라 '음향의 달인'이자 한국 최고의 '소리 디자이너'란 칭호를 얻는다.

⊗ 극단 궂은일 도맡았던 '벌레', 김벌래가 되다

김벌래는 일본이 태평양 전쟁을 일으켰던 1941년 경기도 광주의 가난한 집안에서 태어났다. 그 시절 가난이야 식민지 시기 말 총력전을 경험했던 우리나라에선 '디폴트 값'이나 마찬가지였지만, 소아마비를 앓아 몸을 제대로 부릴 수 없었던 어머니에게서 태어난 그의 유년 시절은 정말이지 어려웠다. 제대로 먹지 못해 신체 발달 역시 또래에 비해서도 퍽 뒤쳐졌다.

1945년 해방을 맞은 기쁨도 잠시, 그는 1950년 한국전쟁이 나던 해에 병환으로 고생하던 어머니를 여읜다. 열 살이 채 되기도 전이었다. 이듬해엔 보국대 운송대원으로 한국전쟁에 참전했던 아버지마저 척추 부상을 입고 돌아왔으니 그의 유년은 생계를 걱정해야 하는 고난의 연속이었다.

어려운 형편 탓에 중학교만 겨우 졸업한 뒤, 무작정 상경해 체신고등학교 통신과에 들어갔다. 당시 체신고는 학비 없이 무료로 다닐 수 있는 학교였고, 졸업 후에 곧바로 우체국 취업도 기대할 수 있어 먹고사는 문제가 가장 중요했던 그에겐 당연한 선택이었다.

하지만 김벌래는 연극배우가 되고 싶었다. 체신고 졸업 후 서울의 우체국에서 근무하면서도 '동인극단'에서 최불암, 오지명 등과 함께 활동했다. 주연 배우로 무대에 서고 싶었으나 158cm의 키에 43kg밖에 나가지 않았던 왜소한 체격 때문에 번번이 주요 역할에서 밀려났다.

그에겐 무대 뒤 허드렛일만 맡겨졌고 자연스럽게 음향을 다루게

김벌래

되었다. 체신고 통신과 시절 여러 기계 장비를 만졌기 때문에 익숙한 점도 있었다.

극단에서 얼마나 열심히 일했는지, 선배들은 극단 이곳저곳에서 항상 눈에 띈다고 그를 아예 '벌레'라고 불렀다. 회고에 따르면, 그 시절 그는 말 그대로 벌레처럼 극단을 기어 다녔다고 한다.

벌레란 별명에는 양가적인 의미가 있었다. 왜소한 체격으로 궂은일을 도맡아 하는 그를 하대하는 의미이기도 했으나, 어두컴컴한 곳에서 끝까지 살아남기 위해 노력하는 그를 인정하는 의미이기도 했다. 그의 본명은 '김평호'였으나 스스로도 벌레란 별명이 마음에 들어 아예 이름을 '김벌레'로 고쳤다.

⊗ "한국 광고 소리의 90%는 김벌래가 만든 것"

1961년엔 우체국마저 그만두고 극단 '행동무대'를 창단하기에 이른다. 가난하고 어려워도 정말 하고 싶은 일에 투신하기 위해서였다. 이때부턴 배우로서의 한계를 스스로 인정하고 본격적으로 음향 일을 담당했다.

무대를 완성하는 데 배우의 연기 외에도 연출이나 음향, 조명 등이 매우 중요하다는 사실을 깨달았고, 자신이 소리를 다루는 데 재능이 있다는 것도 알았다. 그가 맡은 연극은 다른 무대보다 월등히 좋은 음향을 제공한다는 소문이 돌 정도였다.

1962년엔 〈동아방송〉 개국 멤버로 제작부 음향PD로 들어간다.

| '로보트 태권브이'와 '마징가 제트'

당시 방송국에서 이름에 '벌레'가 들어가 자막에 올리기 징그럽다고
하자 이름을 살짝 고쳤다. '김벌레'가 '김벌래'가 된 사연이다. 그는
방송국에서 10년 넘게 활동하며 명성을 쌓아갔다. 〈동아방송〉의 전
성기를 오롯이 만들어낸 주역이었던 셈이다.

1975년엔 방송국을 그만두고 독립해 '38오디오'를 창립한다. 한
국 최초로 개인이 설립한 '사운드 프로덕션'이었다. 숫자 '38'은 속
칭 '광땡'의 의미였다. 음향 사업이 크게 성공하고 번창하길 바라는
마음에서 재미 삼아 지은 이름이었다.

이때부터 김벌래는 문화사적으로 자신의 이름을 각인하는 활동
을 이어간다. 만화 영화 〈로보트 태권브이〉의 사운드 제작을 담당하
게 된 것이다. 당시 '태권브이'의 인기는 신드롬을 방불케 할 정도였
다. 너나없이 극장으로 몰려가 태권브이를 연호했다. 관객들의 심장
을 쿵쾅거리게 만든 건 태권브이의 발차기가 멋졌기 때문이기도 했

지만, 태권브이의 동작이 더 박진감 넘쳐 보일 수 있도록 만든 음향의 도움에 힘입은 바가 크다.

일본 '마징가 제트'와 한국 '태권브이'가 싸우면 누가 이기는지가 첨예한 논쟁거리였다. 태권브이가 주먹을 내지를 때 나는 바람 소리의 입체감이 마징가 제트의 펀치 소리보다 더 실감 났을 때, 이미 게임은 끝났다.

〈로보트 태권브이〉 음향 제작 이력은 김벌래를 일약 한국 최고의 음향감독으로 만들어줬다. 이후 라디오와 TV 방송은 물론 광고계에서도 그를 찾는 러브콜이 이어진다. 당시 "한국 광고에 나오는 소리의 90%는 김벌래가 만든 것이고, 나머지 10%가 김도향과 윤형주의 노래"라는 말이 나올 정도였다.

'펩시' 본사 사장도 듣고 놀랐다는 병 따는 소리(일본과 미국에서도 이 소리를 가져다 광고 제작에 썼다고 하니 말 다했다)와 '브랜닥스' 치약의 "뽀드득" 소리, '종근당' 제약 광고의 트레이드마크가 된 종소리, '트라이' 속옷 광고에서 이덕화가 문을 두드리는 소리 등이 그가 만들어낸 대표작들이다.

⊗ 음향의 달인, 한국 최고의 '소리 디자이너'가 되다

'음향의 달인'이 된 그를 정부에서도 가만히 놔두지 않았다. 수많은 국가 행사의 음향감독을 그에게 맡겼다. 1986년 '아시안게임'과 1988년 '서울 올림픽', 1991년 '세계잼버리대회', 1993년 '대전

엑스포', 2002년 '한일 월드컵' 등 굵직한 행사의 음향을 책임졌고, 14대부터 16대까지 대통령 취임식에서도 연이어 음향 총괄을 담당했다.

그동안 무려 2만여 편의 광고 및 방송 음향 효과에 관여했으며 수백 편의 영화와 드라마에도 음향감독으로 이름을 올렸다.

이 같은 공로를 인정받아 수상한 장관상과 대통령상 등 그 실적은 일일이 열거하기 어려울 정도인데, 그는 "한국 소리 문화의 발전에 기여하고 깊이를 더한 장인"에게 수여한다는 1993년 '대한민국 에밀레대상'을 가장 영광스럽게 여겼다.

그 시절 사람들이 라디오와 TV를 통해 전해 듣던 그 많은 소리의 배후엔 항상 그가 있었다고 봐도 무방하다. 사람들은 그가 만든 소리 덕분에 더 크게 웃고 더 슬프게 울 수 있었다.

음향 분야에서 독보적인 성과를 남긴 비결은 실상 사소한 데 있었다. 그는 소리를 만들어내는 사람이기 이전에 누구보다 주의 깊고 예민하게 잘 듣는 사람이었다. 그렇게 신기하고 멋진 소리를 어떻게 만드느냐는 질문에 "소리 만들기의 시작은 듣는 것에서부터"라는 명언을 남겨 깊은 인상을 주기도 했다.

빗소리, 바람 소리, 파도 소리 같은 자연의 소리뿐만 아니라 자동차 바퀴 움직이는 소리, 문 여닫는 소리, 젓가락질 소리 같은 인공의 소리까지도 반복해서 듣고 또 들었다. 그 소리들의 특징과 개성을 기억하고 효과적으로 살려낼 수 있는 방법을 찾고 또 찾았다.

또한 소리를 있는 그대로 재현하는 수준에 머물지 않고, 미디어를 통해 전달받는 사람이 더 생동감 있게 사물과 현장을 감각할 수 있는 소리를 만들어내야 한다고 생각했다. 그의 소리는 말 그대로 '재창조된 음향'이었다.

풍선을 터뜨리는 것만으로 만족스럽지 않으면 '콘돔'을 불어 터뜨려서라도 콜라병 따는 소리를 창조해냈다. 우주의 풍경이 묘사되는 영화 장면에선 가야금 소리와 '때수건'을 비벼 만든 효과음을 덧입혀 관객들로 하여금 광활한 느낌을 갖도록 했다. 실제 소리의 정체와는 전혀 무관해 보이는 사물들을 이용해 음향 효과를 만들어내는 능력은 신기에 가까울 정도였다.

그가 만든 소리는 콘텐츠의 형식적 완성도를 높이고 시각만으로 완전할 수 없는 사물에 대한 감각을 보충하는 역할을 담당했다. 그는 20세기 한국인들이 대중매체를 통해 경험한 '사운드스케이프(Soundscape)'를 가장 직접적으로 만들어낸 창조주일지도 모른다.

234

1970~1990년대 라디오와 TV를 통해 들을 수 있었던 수많은 소리는 모조리 그의 손을 통해 만들어졌다. 그는 우리가 알고 먹고 마시며 즐기는 대상과 그 세계들에 대한 청각 이미지를 창조해냈다. 더 맛있는, 더 신선한, 더 청량한, 더 쫄깃한 느낌이 들게 하는 효과에서부터 더 아름답고, 더 멋지며, 더 웅장한 세계에 대한 상상까지 모두 그가 만든 소리에서 비롯되었다.

⊗ 일평생 신나게 일한 사람, "김벌 아무시키"

김벌래는 죽기 전까지 음향 제작 일을 즐겼고, 대학에서 광고와 음향 강의를 꾸준히 맡았다. 동년배 음향감독들이 '신디사이저' 같은 새로운 장비의 출현을 달가워하지 않았던데 반해 그는 첨단 장비를 익히고 사용하는 데도 게을리하지 않았다.

노년엔 드라마와 연극에도 출연하며 젊은 시절 이루지 못했던 배우의 꿈에 도전하기도 했다. 소리를 만들어내는 능력만큼 연기력이 좋진 못했지만 사람들은 그의 도전에 기꺼이 박수를 보냈다.

하지만 대학도 졸업하지 못한 그가 교수가 되는 것에는 시비를 거는 사람들도 없진 않았다. 그의 현장 경험과 업적들에 대해선 누구도 폄하할 수 없었으나, 그와 같은 전문가도 학력 때문에 차별을 당할 만큼 한국 사회는 학벌주의가 만연했다. 그가 말년에 남긴 자서전『제목을 못 정한 책』(순정아이북스, 2007)엔 때때로 학벌 문제 때문에 괴로웠지만 한 번도 자신의 처지가 부끄러운 적은 없었다는 이야기가 실려 있다.

그는 일평생 신나게 일한다는 모토로 살아왔다. 음향 작업을 돈벌이가 아니라 장난처럼 즐겁게 하는 일로 생각했다.

그는 죽기 전까지 '소리의 장인'이란 거창한 호명보다 '벌레'라는 이름으로 불리는 게 더 좋다고 말했다.

그는 어느 자리에서나 "김벌아무시키 올시다"라는 말로 자기소개를 시작하며 신나고 즐

김벌래가 자신의 영정 사진으로
고른 사진

겁게 소리를 만들었던 자신의 삶에 대해 말했다. 그는 끝까지 자신이 만든 소리는 주인공이 아니라 그저 "남의 좌판에 매달린 곁가지"였다며 겸손해했다.

우리가 미디어를 통해 들어봤던 그 많은 소리가 어디서 왔는지 모르겠다면 아마 김벌래의 작품일 것이다. 세상은 변했지만 그가 만들어낸 소리들은 여전히 우리에게 새롭고도 익숙하다.

'신화'가 되기보다
'실천'을 택한 건축가

한국적 모더니즘 건축의 창시자,
김중업(金重業, 1922~1988)

⊗ 르 코르뷔지에의 유일한 한국인 제자

'르 코르뷔지에'는 현대건축에 가장 큰 영향을 끼친 세계적인 인물이다. 그는 '필로티(Pilotis)'와 '자유로운 파사드(Faзade)', '옥상정원' 같은 현대건축 분야에서 익숙한 공법과 형식으로 자리 잡은 이론을 창시했다.

스위스 태생의 프랑스인 건축가 르 코르뷔지에가 처음으로 선뵌 집합주택과 초고층 건물은 현대 도시에서 아주 쉽게 볼 수 있는 '아파트'와 '마천루'의 효시다.

르 코르뷔지에가 1952년 프랑스 남부 도시 마르세유에 오늘날 우리가 흔히 '아파트'라고 부르는 건축물의 원조 격인 '유니테 다비 타시옹(Unite d'Habitation)'을 지었을 때, 사람들은 "미치광이 건물"이라고 칭하며 흉측하게 여겼다. 한 건물에 1,600명이 모여 함께 산다는 건 당시로선 파격을 넘어 '집'이라는 개념 자체를 뒤흔드는 일이었기 때문이다.

하지만 그는 현대사회로 이행하는 시대에 "집이란 인간이 살기 위한 기계"라고 생각했으며, 사람들에게 최대의 편리함과 안락함을 주는 방식으로 집이 만들어져야 한다고 믿었다.

산업화에 따른 인구 증가와 경제 발달로 도시의 집적도가 높아짐에 따라 건축은 더 이상 전통적인 관념에만 매몰되어 있어선 안 되며 새로운 세계에 걸맞게 변화해야 한다고 주장했다.

르 코르뷔지에의 철학에 깊이 공명해 그를 찾아 떠난 한국인 건축가가 있다. 한국에서 이미 새로운 건축의 흐름을 주도하며 기대주로 평가받던 '김중업'이다. 그는 1952년 7월 이탈리아 베니스에서 열린 '제1회 세계예술가대회'에 한국 대표로 참석하며 르 코르뷔지에와 처음 만났다.

그곳에서 두 사람은 서로의 건축 철학을 공유하고 모더니즘 건축에 대해 의견을 나눴다. 공식 석상에서의 짧은 만남이었지만, 그때 둘은 서로에게 깊은 영감을 받았다. 김중업은 곧장 파리에 있는 르 코르뷔지에의 건축 사무실에 합류하기로 결정했다.

한국에서 그동안 쌓아온 건축가로서의 명성과 기득권을 모두 내

| 르 코르뷔지에(앞열 오른쪽 두번째) 제자로 있었던 김중업(뒷열 왼쪽 네번째).

려놓고 다시 학생과 조수의 길로 나선 것이다. 쉽지 않은 결정이었다.

김중업은 르 코르뷔지에 문하에서 성실하고 치열하게 건축을 배워나갔다. 르 코르뷔지에는 설계를 의뢰받으면 그의 사무소에서 일하는 건축가와 조수들을 상대로 공모를 진행하곤 했는데, 김중업의 작품이 최종작으로 선정되는 경우가 많았다고 한다.

김중업은 자신의 작품 귀퉁이에 서명을 남기는 습관이 있었는데, 사무소를 청소할 때면 '무슈 김'이라고 쓰인 설계 연습용 파지가 가장 많이 나왔다고 한다. 새벽 세 시를 넘겨서까지 사무소에서 나가지 않는 적이 많았다던 그 시절, 그의 작업 성과는 양과 질에서 모두 상상을 초월하는 것이었다.

김중업의 건축은 건물의 기능과 용도는 물론 이용자들의 편리에 최적화된 형태를 추구하는 실험적인 작품들이 많았다. 그 시절 김중업에게 건축은 독립된 개체가 아니라 도시와 인간을 잇는 매개인 동시에 넘나듦이 가능한 자유로운 경계이기도 했다.

훗날 미국 건축 잡지에서 전 세계로 퍼져나간 르 코르뷔지에의 제자들 중 가장 우수한 건축가 다섯 명을 꼽았을 때 김중업도 포함되는 영예를 얻었다.

⊗ "조형으로 빚은 시", 주한 프랑스 대사관

> "집이란 빛이 쬐는 곳과 그림자 진 곳이 부각되어 시간에 따라 모습을 달리해 가는 흐뭇한 하나의 교향시이며, 마을이란 조각난 집들의 협주로 구성되는 때로는 웅장하고 때로는 비장한 교향시이기도 하다. 비록 그게 대궐 같은 집 들로 즐비한 부촌이 아니라 판잣집으로 다닥다닥한 빈촌일망정"

김중업은 르 코르뷔지에 사무소에서 3년 2개월 동안 배우며 일한 뒤 1955년 귀국한다. 곧장 '김중업건축연구소'를 설립하곤 르 코르뷔지에의 추천으로 '주한 프랑스 대사관' 설계를 맡는다. 주한 프랑스 대사관은 1959년 12월 설계안이 결정된 후 다음 해 공사를 시작해 1962년 완공되었다.

이 건축물은 1960년대 초까지 건축을 기능적이고 논리적으로 이해하려 했던 김중업의 조형 미학 정점에 위치한 작품이다. 대지와 건축의 관계, 건축이 지니는 구축성, 색채 간의 미묘한 충돌, 부분과 전체가 갖는 복잡한 상관성이 모두 반영되어 있어 현대 한국

김중업이 설계한
주한 프랑스 대사관

건축물 중 가장 빼어난 수작으로 평가받는다.

또한 주한 프랑스 대사관은 김중업 건축의 기점으로 평가받기도 한다. 이 작업 이전과 이후로 김중업 건축 철학의 경계가 명확하게 나뉘기 때문이다.

이 작품을 만들면서 김중업은 창조성을 좀 더 중요하게 여기기 시작했다. 철학을 담은 건축만이 훌륭한 결과물로 남는다는 걸 깨달았다. 르 코르뷔지에에게 배운 '실용'과 '편리'의 사명에서 더 나아가 건축이 그 자체로 '예술'과 '조형'이 될 수 있다는 사고를 갖게 된 것이다.

주한 프랑스 대사관은 단순한 건축물이 아니라 프랑스 본국으로부터 "조형으로 빚은 시"라는 최고의 상찬을 듣기도 했다. 이 건축물은 그 자체로 하나의 예술 작품으로 평가받을 만큼 미학적 완성도가 높다.

주한 프랑스 대사관 설계 이후 김중업의 건축은 세계 예술 사조의 보편적 양식이었던 모더니즘의 흐름 속에 한국적 전통을 녹여내려는 시도가 결합된 방식으로 나아간다. 즉 새로운 건축을 통해 '한국적 모더니즘'을 재창조하고자 노력을 기울였다.

서양의 진보된 건축술과 미감을 받아들이는 것에서 멈추지 않고 한국 건축의 독창적인 미학을 정립하기 시작한 것이다. 동 시기에 설계했던 '부산대학교 본관'(1956)과 '서강대학교 본관'(1958), '유유산업 안양공장'(1959)이 김중업의 대표작으로 손꼽히는 것도 이 같은 맥락에서 비롯되었다.

⊗ 한국 마천루의 효시, 삼일빌딩

1970년 서울 종로 청계천에 높이 110m 건물이 들어섰다. 31층으로 지어져 '삼일빌딩'이라고 이름 붙여진, 국내에서 가장 높은 빌딩이었다.

김중업이 설계한 삼일빌딩은 그전까지 20여 층에 불과하던 한국 초고층 건물의 기록을 단숨에 바꿔버릴 정도로 한국 마천루 역사에 중요한 이정표가 되는 건물이다.

1978년 소공동 롯데호텔(38층, 152m)이 들어서고 1985년 여의도에 63빌딩(249m)이 들어서기 전까지 삼일빌딩은 한국 최고층 건물의 자리를 지켰다. 삼일빌딩은 설계자의 본의와는 상관없이 1970년대 한국의 고도성장을 선전하는 상징으로 사용되었다.

| 삼일빌딩

삼일빌딩은 장식을 최대한 배제하고 철골과 유리만을 소재로 활용해 '커튼월(curtain wall)' 방식으로 지어진 네모반듯한 검정빛 건물이다.

어찌 보면 투박하지만 그 단순함과 명료함이 세련미를 품고 있는 신선한 매력을 지녔다.

삼일빌딩은 고층 빌딩의 시대가 본격화된 1980년대 전까지 서울의 스카이라인을 책임지는 독보적인 존재였다.

개관과 동시에 명소가 되어 많은 사람이 찾았다. 까마득히 높은 건물 자체가 경이로웠고, 고속 승강기를 타고 건물 꼭대기에 오르면 종로는 물론 서울 전체 전경을 내려다볼 수 있었다.

1970년대 한국 영화에 많이 나오는 전형적인 클리셰(cliché) 장면들도 삼일빌딩 앞에서 촬영한 것들이 많다. 이를테면, 서울을 처음 방문한 시골 출신 주인공이 높은 빌딩 앞에서 놀라 입이 벌어지거나 고개를 뒤로 젖힌 채 층수를 세어보다가 중간에 틀려 몇 번이고 다시 세는 장면들 말이다.

이제 삼일빌딩은 서울은커녕 종로에서조차 높이로 순위권에 들지 못한다. 50년이나 나이를 먹었으니 할아버지 건물이 된 셈이다.

하지만 삼일빌딩은 현재까지도 한국 현대건축을 대변하는 상징이자 종로의 랜드마크로 손꼽힌다.

한국의 고층 건물 대다수는 외국 건축가에 의해 설계되었지만 삼일빌딩은 기본 설계부터 완공까지 김중업이 총괄했다는 점에서 의미가 크다.

당초 140m 높이로 지을 계획이었으나, 풍압을 견디기 위해 설계가 변경되며 층간 두께를 매우 얇게 처리해 더욱 날렵하고 아름다운 비례가 도출되었다.

김중업은 완벽한 미적 효과를 위해 층고와 창 높이를 조정했으며, 내부에 들어가는 자재까지도 그에 맞춰 신중하게 선택했다고 한다.

삼일빌딩은 외관상으론 단순해 보이지만, 치밀한 계산과 섬세한 배치가 적용된 결과물이었다.

아쉬운 점은 한국 고층 빌딩의 새 역사를 창조한 삼일빌딩의 연속성이 다른 고층 빌딩으로 승계되지 않았다는 것이다.

삼일빌딩이 선두로 나섰지만, 종로 주변의 경관은 조화로운 스카이라인을 갖지 못했다. 1990년대 이후 우후죽순 세워진 종로, 광화문, 여의도, 강남의 고층 빌딩 들은 모두 제각각의 형태와 스타일로 지어져 두서없는 높이의 각축장이 되었을 따름이다.

⊗ 거침없이 비판한 독재정권의 도시개발정책

> "도시란 한번 그르치면 엄청난 대가를 치러야 한다. 따라서 도시계획이란 허황하고 그럴싸한 도상의 기교에 그쳐서는 안 된다. 보다 효율적이고 보다 현실적인 최상의 방법은 진실로 시민을 위한 정성이 계획하는 사람의 마음속에 자리해야 얻어질 수 있는 것이다."

김중업은 김수근과 동 시기에 활동한 한국 현대건축 1세대다. 하지만 김수근이 대중적으로 큰 명성을 얻고 있는 것에 비해 김중업의 업적은 상대적으로 덜 알려져 있다.

김수근이 한국 건축계의 '신화적 존재'라면, 김중업은 사회의 변화와 미래의 전망을 현실 건축에 적극적으로 반영한 '실천적 존재'였다. 김수근이 권력과 가까운 자리에서 세속적 명예와 달콤한 영광을 내내 누렸다면, 김중업은 권력을 향해 입바른 소리를 했다가 외국으로 쫓겨나는 수모를 겪기도 했다.

1960~1970년대 박정희 정권의 도시개발정책이란 '성장'과 '발전'에만 목을 맨 일방적인 방식이었다. 무조건 앞만 보고 달려가는 경주마처럼 앞뒤 잴 것 없이 개발정책을 남발했다.

그렇게 만들어진 도시의 건축물들은 전통과의 조화는커녕 스스로 미학적 가치나 안전을 확보하지도 못한 흉물들이 태반이었다. 성찰 없는 건축의 대가는 참혹했다. 머지않아 부작용이 속속 드러났다.

서울 마포구 창천동 와우산 자락에 우뚝 들어서 있던 와우아파트(마포 시민아파트)가 어느 날 갑자기 붕괴했다. 이 아파트는 박정희 정권의 치적으로 손꼽히는 도시개발 사례였다. 겉보기에만 그럴싸하게 날림으로 지은 아파트가 폭삭 주저앉고 만 것이다.

또 서울 외곽 어느 곳에선 수많은 도시 빈민이 더 이상 못 살겠다며 들고 일어나 폭력 시위를 벌였다. 이들은 서울 청계천 개발, 달동네 철거와 함께 경기도 광주(현 성남시)로 강제 이주당한 도시 빈민들이었다. 서울로 일하러 나갈 교통편은 물론 수도 시설과 변변한 화장실도 갖추지 못한 곳으로 수만 명을 떠밀어놓고 정부가 나 몰라라 했기 때문에 발생한 사건('광주대단지 사건')이었다.

김중업은 독재정권의 무리한 도시개발정책을 거침없이 비판했다. 눈치 보지 않고 말도 듣지 않는 사람을 정권이 가만히 놔둘 리 없었다.

권력에게 밉보인 김중업은 결국 유신정권에 의해 추방당하고 만다. 1971년 11월 프랑스로 강제 출국 조치되었다. 그는 반체제 인사로 분류되어 유효기간이 3개월 남은 여권을 연장할 수도 귀국하지도 못하는 상황에 놓이기도 했다. 한 나라를 대표하는 불세출의 건축가가 불법 체류자로 전락할 뻔한 것이다. 이때 신원 보증을 서며 프랑스에서 살게 도와준 은인이 르 코르뷔지에였다.

하지만 시련은 끝나지 않았다. 김중업건축연구소는 보복성 세무조사를 받고 개점휴업 상태가 되었다. 이 같은 일들로 인해 그는

올림픽공원 평화의 문

15년 동안 한국에서 다져온 건축적 기반을 모조리 잃어버리고 기약 없는 타국 생활을 할 수밖에 없었다. 독재정권에 대한 날선 비판의 후폭풍은 가혹했다.

이 시절 김중업은 부인 '김병래'와 함께 낙후된 지역의 대명사이자 '카미유 클로델'이 태어난 곳으로 유명한 파리 북동부 지역 페레앙 타르드누아의 단칸방에서 생활했다. 나무 마룻바닥으로 되어 있는 낡은 골방이었다.

한편 김중업은 어려운 상황 속에서도 좌절하지 않았다. 와중에도 '외환은행 본점'과 '성공회 회관', '홍명조 주택' 등을 설계해 한국으로 타전했다. 언제 귀국할 지 모를 암담한 상황에서도 자신의 생각을 작품 속에 온전하게 담아내는 데만 몰두했다. 자기만의 건축 철학을 올곧게 지키려다 겪게 된 시련을 자신만이 할 수 있는 건축 설계로 극복한 셈이다.

유신정권이 힘을 다해갈 무렵인 1978년이 되어서야 김중업은 한국으로 돌아올 수 있었다. 이후 김중업은 서울 올림픽공원의 상징이기도 한 '평화의 문'(1985)을 설계했다. 이 작품은 김중업의 유작이자 필생의 역작이기도 하다. 각 입면체에 새겨져 있는 다양한 색채와 문양들은 자유와 정의, 평화와 같은 세계 보편의 이상은 물론 한국의 전통을 함께 결합해 만든 것이다.

평화의 문은 좁게 병렬 배치된 두 기둥이 좌우로 넓게 펼쳐진 평면을 떠받치고 있다. 위태로운 듯하면서도 안정적인 느낌을 주는 기하학적 조형물이다. 날개를 활짝 펴고 비상하는 한 마리 학을 연상시키기도 하고 서로 함께 기대 넓은 세상을 만들어온 한국인들의 오랜 투쟁을 상기시키기도 하는 등 다양한 형상과 감정과 의미를 담아내고 있다.

평화로운 미래를 향한 맹렬한 의지를 전 세계로 발신한 이 작품으로 김중업은 건축가를 뛰어넘어 조형 아티스트의 반열에 올라섰다. 물론 그는 세계의 변화와 세속의 임무에 무감하고 초연한 예술지상주의자가 아니라 언제나 세상일에 깊이 관여하고 그 혼란 속으로 뒤섞이는 데 망설임이 없었던 실천적 건축가였다.

이밖에도 그가 말년에 창작한 작품들은 원형을 중심으로 한 기둥과 벽면에 부드러운 곡선의 사용이 부쩍 많아졌다. 자연의 원칙을 따르고 본연의 질서에 충실하려 했기 때문에 나타난 변화였다.

김중업은 대중적 지명도와 상관없이 지금까지도 현역 건축가들 사이에서 한국 최고의 건축가로 손꼽힌다. 알 만한 사람들은 알아주고 있으니 그나마 다행이라 하겠다.

248

문화의 힘을 믿었던
대부호의 골동 사랑

조선 최고의 문화재 수집가,
전형필(全鎣弼, 1906~1962)

⊗ 문화재를 보호해야 한다

2008년 초입에 발생했던 숭례문 화재 사건은 전 국민을 충격으로 몰아넣었다. 우리나라 국민이라면 남녀노소 누구나 알고 있는 '국보 1호' 남대문이 속절없이 불타버렸기 때문이다.

방화로 벌어진 사건이었다. 깊은 밤 한 남성 노인이 인화성 물질을 들고 남대문에 오르는 모습이 폐쇄회로 카메라에 찍혔고, 그 노인이 빠져나온 뒤 안에서 연기가 피어올랐다.

범인은 곧 붙잡혔다. 수사 결과 보고에 따르면, 노인이 남대문에 올라 불은 놓은 까닭은 정부로부터 토지 개발 보상금을 적게 받아

화가 나서였다고 한다. 황당하고도 안타까운 일이 아닐 수 없다.

국민 모두는 그날 밤을 새우며 방송으로 숭례문이 전소하는 장면을 지켜봤다. 너나없이 마음 한구석이 허물어지는 것 같은 공허함을 느꼈다. 가족이나 가까운 친구를 잃은 것마냥 헛헛하고 침울한 기분이 든다는 사람도 많았다.

숭례문이 다른 문화재보다 비할 데 없이 웅장하고 화려한 보물이라 그랬던 건 아니다. 항상 곁에서 든든하고 정답게 마주하고 있던 친숙한 문화재가 사라졌다는 상실감이 컸다.

그날의 사건 이후 우리나라 문화재 보호 정책은 획기적인 변화를 겪는다. 중요 보호 문화재로 지정된 대상이나 그 주변 시설에 화재 진압 장비를 구비하고, 24시간 위험을 감지하는 보호 촬영이 시행되고 있다. 국보 1호를 잃고 나서야 문화재 보호 정책을 정돈한 셈이니 아이러니한 일이다.

문화재란 민족의 고유한 정신과 긍지를 담고 있는 역사적 유산을 일컫는다. 한 나라가 누려온 오랜 영광이나 현재의 국력을 과시하는 수단으로 사용되기도 한다.

제국주의 시기 열강들이 식민지의 문화유산을 강탈해 제 것인양했던 부끄러운 역사를 우리는 잘 알고 있다. 지금도 미국과 유럽 강대국들이 자랑하는 거대한 박물관과 미술관 들은 제국주의 시절 빼앗아간 유물들로 채워진 경우가 많다. 약탈 문화재 반환 운동을 주도하는 영국의 '제프리 로버트슨' 칙선 변호사는 "대영박물관은 세계 최대의 장물 보관소"라고 비판하며 "어서 피 묻은 손을 씻으라"고 권고한 바도 있다.

한편 오래되었다고 모두 중요한 문화재인 것도 아니다. 유물들은 미학적·역사적 가치에 따라 귀한 정도와 등급이 나뉘기도 한다. 흔히 '국보'나 '보물'로 불리는 유형 문화재들은 국가에 의해 관리·보존되기도 하지만, 천문학적인 금액으로 사인(私人) 간에 거래되기도 한다. 국립중앙박물관 못지않게 귀중한 문화재를 많이 보유한 개인이나 기업도 있다. 우리나라에선 개인이 설립한 '간송미술관'과 국내 최대 기업이 운영하는 '리움미술관'이 유명하다.

⊗ 대부호의 상속자, 골동에 눈을 뜨다

간송미술관의 간송(澗松)은 '전형필'의 호다. 전형필은 일제 강점기 유실될 위기에 처한 우리나라 문화재를 샅샅이 수집한 인물이다.

그는 경성 대부호 '전명기'의 아들로 태어나 10만 석 자산을 홀로 물려받은 상속권자였다. 그의 증조부 '전계훈'은 정3품 무관직인 중군(中軍)을 지낸 관료였으나, 한양 배오개(현 종로4가)에 터를 잡은 뒤 조선 최고의 운종가였던 종로 상권을 장악해 부를 일궜다.

전형필은 그렇게 물려받은 전 재산을 일평생 문화재를 사 모으고 보호하는 데 사용했다. 전형필의 업적은 오랫동안 묻혀 있었다. 이름난 골동과 질 높은 서화를 수집한 행적이 세상 사람들에게 알려지고 난 뒤에도 그다지 대단한 일로 평가받지 못했다. 그의 문화재 수집과 보존 활동을 대부호의 호사 취미 정도로 폄하하는 사람들이 많았기 때문이다.

해방 후에도 국가로부터 훈장이나 포상을 받지 못했다. 우리나라는 독립운동 상훈을 수여할 때 정치·사상범이나 무장독립운동을 한 사람들 위주로 선정하는 관행이 있어 왔다. 당연히 전형필은 뒷전으로 밀려났다.

전형필의 문화재 수집이 그가 천문학적인 재산을 가졌기 때문에 가능한 일이었다는 삐딱한 시선도 있지만 꼭 그렇게 볼 일만은 아니다. 당시 대부호 중엔 일제와 결탁해 더 악랄하게 조선인을 수탈하고 자산을 늘린 사람이 많았다. 또한 상속자들이 흔히 그러하듯 도박이나 투기에 빠져 재산을 탕진하는 경우도 비일비재했다.

하지만 전형필은 가문에서 물려준 그 많은 땅과 돈을 모두 문화재를 그러모으는 데 사용했다. 만석꾼 집안 곳간이 빌까 봐 걱정하는 것만큼 쓸데없는 일이 없다는 말도 있지만, 실제로 그는 골동 수집에 너무 많은 돈을 사용하는 바람에 말년엔 대부호란 말이 무색할 정도까지 재산이 줄어들었다.

전형필은 휘문고등보통학교를 졸업한 뒤, 일본으로 유학을 떠나 와세다대학교 법과를 졸업했다. 학업을 마치고 경성으로 돌아온 뒤, 곧바로 가문의 재산을 상속받았다. 후사가 없던 작은아버지의 호적상 양자로 들어가 있어 작은댁의 재산을 모조리 물려받았고, 본댁에선 형이 일찍 병사한 까닭에 아버지의 재산도 모두 상속받았다.

1928년 와세다대학교 재학 시절의
간송 전형필

본가와 작은집의 재산 전부를 전형필 혼자 차지할 수 있었던 덕분에, 아버지보다도 더 큰 부자가 될 수 있었다. 전형필이 문화재 보호의 사명에 눈 뜬 것도 그때 즈음이었다.

당시 일본을 위시해 서양 열강은 조선의 문화재를 경쟁하듯 빼돌렸다. 우리나라의 귀한 유물들을 헐값만 주고 빼앗다시피 가져가거나, 관리가 부실해 연고와 소유 관계가 불분명한 문화재를 약탈하듯 반출해 갔다.

식민지 조선의 문화재 보존과 관리 실태에 분개한 전형필은 전 재산을 투자해서라도 우리 문화재를 보호하기로 마음먹는다. 골동과 서화에 대해 조선 최고의 지식을 가지고 있던 '위창 오세창'과 교유하며 문화재 감식안을 키워나갔다. 전형필은 오세창을 평생 스승으로 모셨다.

⊗ **"아 반갑도다! 훈민정음 해례본"**

전형필은 한국의 문화재 보호 역사에 있어 특히 주목을 요하는 인물이다. 단순히 골동을 수집하는 걸 뛰어넘어, 보존하고 또 연구하는 것에까지 눈을 돌려 길을 열었기 때문이다.

그는 좋은 물건이 있다는 소식을 들으면 열 일 마다하지 않고 찾아갔다. 상대가 거절할 수 없을 정도로 큰돈을 제시하고 골동을 사모았던 것으로도 유명하다.

특히 일본으로 넘어간 한국의 서화를 되찾아오는 데 각고의 노력을 기울였다. 일본인이 가지고 있던 신윤복의『혜원 전신첩』은 절대로 팔지 않겠다는 걸 끈질기게 설득해 엄청난 가격을 치르고 다시 사왔다.

영국의 유명 콜렉터 '존 개츠비'가 소유하고 있던 고려청자와 조선백자 수십 점을 기와집 수백 채 값을 주고 사온 적도 있다. 개츠비는 "전형필이 주체할 수 없는 재산을 가진 부호이기만 했다면 그에게 유물을 팔지 않았을 것이다. 그가 문화재를 사랑하고 아끼는 모습에 감복했다."라고 소감을 남겼다.

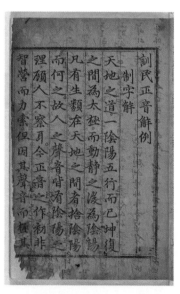

1940년 경북 안동에서 출현한『훈민정음 해례본』, 전형필이 소장하면서 '간송본'이라고 부른다

『훈민정음 해례본』입수는 전형필 일생일대의 최고 업적으로 간주된다. 우리 민족의 최

고 유산인 한글의 기원과 출발에 대한 해설을 담고 있는 해례본 원본은 당시까지 전해지지 않아, 많은 문화재 수장가와 학자 들의 애를 태웠다.

훈민정음 본문에 해당하는 세종이 직접 지은 「예의(例義)」는 언해본으로나마 전해졌지만, 집현전 학자들이 집필했다는 「해례(解例)」는 어디에도 남아 있지 않았다. 낱장 일부가 아니라 온전한 책의 형태로 고스란히 수습했다는 점에서 문화사적 가치가 더 크다.

1940년 해례본이 경북 안동의 한 고가(古家)에서 출현했다는 소식을 들은 전형필은 당장 소장자를 찾아 나섰다. 전형필이 해례본을 원한다는 소문은 삽시간에 퍼져나갔다. 조선 최고의 갑부가 찾는다니 값은 천정부지로 오를 수밖에 없었다.

전형필의 배포와 품성은 여기서 드러난다. 해례본을 손에 넣을 때, 거간 노릇을 한 사람이 애초에 부른 값 1천 원(당시 기와집 한 채 값)은 수고비로 따로 떼어주고 원주인에게 그의 열 배에 해당하는 1만 원을 값으로 치렀다.

그도 그럴 수밖에 없는 게 『훈민정음 해례본』은 돈으로 가치를 매길 수 없는 '무가지보(無價之寶)'였기 때문이다. 가치 있는 물건은 반드시 자신이 매긴 값을 주고 산다는 전형필의 철학을 보여주는 대목이다.

이후 전형필이 소장한 해례본은 '간송본'이라는 별칭으로 불리고 훗날 '국보 제70호'로 등재된다. 1997년에는 '유네스코 세계기록유산'으로 등록되기도 했다.

한국 최고의 미술사학자 '최순우'는 전형필이 입수한 『훈민정음 해례본』을 직접 본 직후 "아, 반갑도다! 『훈민정음 해례본』의 나타남이여."라고 탄성을 질렀다고 한다. 더구나 전형필이 수집한 해례본은 낱장의 뒷면에 한글 창제 당시 학자들의 낙서와 메모가 남아 있어 연구사적으로 더 높은 가치를 지닌 것으로 알려져 있다.

이 덕분에 훈민정음이 만들어질 당시 상황도 생생하게 엿볼 수 있었다. 해례본 본문을 통해 집현전 학자들이 한글을 어떻게 평가하는지에 대해 살펴볼 수 있다면, 뒷장의 메모들을 통해서는 『훈민정음』을 접한 지역의 사대부들이 한글을 어떻게 인식했는지 알 수 있었다.

일제 강점기에 시행된 한글 연구는 사법 당국의 강력한 탄압 속에서 가까스로 꽃피운 결실이었다. 한글 연구자들을 대거 구속해 처벌한 1942년의 '조선어학회 사건'은 일제가 저지른 우리 민족 탄압의 대표적인 사례였다. 어려운 여건 속에서 진행된 한글 연구로 말살되어 가던 우리 민족의 자존심과 문화적 긍지를 조금이나마 회복될 수 있었다.

『훈민정음 해례본』 수집으로 한글 연구의 가장 큰 자산을 마련한 셈이니, 전형필이 당시 한글 연구에 기여한 바는 실로 막대하다고 할 수 있다. 이후 『훈민정음 해례본』은 전형필이 일평생에 걸쳐 제일 아끼는 보물이 되었다.

한국전쟁이 일어났을 때 다른 문화재는 어찌할 수 없었지만, 해례본만은 끝까지 몸 안에 지닌 채 피난에 나서 잠을 잘 때도 품고 있었다는 일화가 전해진다.

전형필은 어렵게 수집한 단원과 혜원의 서화는 물론 고려청자와 조선백자 그리고 『훈민정음 해례본』까지 그 가치와 의미를 알아보고 연구하려는 사람들에게 기꺼이 내줘 직접 보고 만져볼 수 있는 길을 열기도 했다.

1938년엔 오세창의 자문을 얻어 성북동 북단장 내에 한국 최초의 사립 박물관인 '보화각(葆華閣)'을 설립했다. 보화각은 "빛나는 보물을 모아두는 집"이라는 뜻으로 오세창이 직접 지어준 이름이었다. 여기에 수장했던 석탑과 불상, 자기와 서화, 서책 등 상당수가 현재 대한민국의 국보 및 보물급 문화재로 등재되어 있다.

보화각 건립이 선구적으로 평가받는 까닭은 보존과 전시의 방법이 남달랐기 때문이다. 옛날 갑부들이 곳간에 재산을 모으듯 유물을 켜켜이 쌓아만 둔 게 아니라, 서양의 근대 박물관처럼 체계적인 분류를 시도해선 유물을 종류별·시대별로 구분해 열람할 수 있도록 배치했다.

또한 전형필에게 보화각은 '죽은 유물들의 무덤'이 아니라 민족의 자주독립과 해방의 길로 나아갈 '조선인의 정신을 보존하고 갱신하는 장소'이기도 했다. 그는 역사적 유산을 귀하게 여기는 민족만이 미래가 있다고 믿었다.

1938년 8월 간송미술관의 전신인 보화각 상량식 후
함께한 위창 오세창(정중앙)과 간송 전형필(태극선 부채 든 사람).

　　1962년 전형필이 병마와 싸우다가 57세의 나이로 세상을 떠난
뒤엔 자손과 후학들이 그의 뜻을 이어갔다. 간송이 사망한 뒤 몇 해
지나지 않아 1966년 '한국민족미술연구소'를 설립해 간송이 일평
생 모았던 수집품들을 정리하고 연구했다. 이때 보화각의 이름을
'간송미술관'으로 개칭했다. 그의 장남 전성우와 차남 전영우가 주
도해 2013년엔 '간송미술문화재단'을 설립했고, 전형필의 업적과
유지를 기리는 사업을 현재까지 이어가고 있다.

⊗ 인색함을 허물로 생각하다

전형필은 2014년이 되어서야 비로소 문화관광부에서 추서하는 금
관문화훈장(1등급)을 받았다. 해방 후 70년, 사후 50년도 더 지나 이
뤄진 일이다. 세상을 떠난 지 반세기가 지나서야 새삼 업적과 공훈

이 빛을 봤다.

사람들은 매년 봄 단 한 차례 짧은 기간 동안 열리는 공개 전시회를 보기 위해 성북동 간송미술관 앞에 길게 줄을 늘어선다. 서너 시간을 기다려야만 겨우 들어갈 수 있는 미술관엔 좀처럼 보기 어려운 우리 민족의 귀중한 유산들이 전시되어 있다.

미술관 정원에 서 있는 석상에서부터 전시실 한구석에 걸려 있는 그림까지, 그곳의 유물들 중에 전형필의 손길과 정성이 미치지 않은 게 없다.

전형필은 '조선의 대수장가'로 불릴 정도로 문화유산에 해박했고 유물을 수집하고 보존하는 데 돈을 아끼지 않았다. 그렇다고 그가 골동 수집 취미만 가지고 있던 건 아니다. 스스로가 고문(古文)에 밝았고 서예와 시화에도 능했다. 전형필의 글과 그림은 전문가들에게도 수준급으로 평가받는다.

1932년엔 '한남서림'을 인수해 고서책을 보존하고 조선의 전통 지식을 출판 보급하는 데 앞장선 바도 있다. 1940년부턴 많은 민족주의 계열 인재를 배출한 보성중학교와 보성고등학교를 후원하기도 했다. 당시 보성은 재정난에 허덕여 문을 닫을 위기에 처해 있었다. 전형필이 보성을 운영하고자 설립한 재단 '동성학원'은 해방 이후에도 학교 운영을 계속 이어갔다.

1950년대 말엔 선친의 뜻을 이어받은 그의 자손들이 많은 돈이 드는 교육재단을 운영하느라 재정 위기를 겪기도 했다. 1960년엔 한국 최고의 미술잡지 〈고고미술〉 창간에도 관여했다.

이처럼 전형필은 골동 수집은 물론 출판과 연구, 교육 등 한국의 문화와 역사 발전에도 크게 기여했다.

전형필은 골동과 서화를 살 때도, 학생들을 교육시킬 때도, 문화재를 연구하고 사랑하는 사람들을 대할 때도 인색하지 않았다. 국외로 반출된 국보급 문화재를 다시 사들이느라 전 재산을 소진하다시피 해 말년에 이르러 자산이 형편없이 쪼그라들었을 때도, 자신을 찾아온 역사학 교수와 문화재 담당 기자, 미술잡지 관계자 들을 늘 풍성하게 먹이고 재웠다. 자신을 도와 일을 맡아준 사람들의 은혜를 잊지 않고 챙겼다.

그래서 그런지 어려운 처지에 놓여 있는 사람들이 그의 집을 방문해 도움을 얻었다는 후일담이 끊이지 않았다. 곳간에서 인심이 난다지만 전형필의 품성은 남다른 면이 있었다.

전형필은 돈을 제대로 쓸 줄 아는 부자였다. 그의 노력이 없었더라면 우리는 신윤복의 〈미인도〉와 〈단오풍정〉 같은 전 국민이 가장 사랑하고 아끼는 그림을 잃었을지도 모른다. 정선과 김홍도의 그림들도 마찬가지다.

전형필 덕분에 수많은 문화재가 우리 곁에 남았고 우리 민족의 소중한 자산으로 더욱 돋보일 수 있었다. 빼앗긴 문화재를 다시 찾은 그가 느낀 긍지와 보람만큼 후대의 우리도 그 유산들을 지켜보며 기쁨과 즐거움을 누리고 있다.

무대 위의 삶,
매혹의 만담가

대한민국 여성 희극인의 대모,
김윤심(金允心, 1914~?)

"너는 못생겼으니 더 많이 웃어야 한다." 일찍이 이 말을 금과옥조로 알고 '무대 위의 삶'을 이어갔던 최고의 여성 만담가가 있었다. 노래가 좋고 무대가 좋아 극단 생활을 시작했지만 박색(薄色)에 노래까지 못한다고 구박받다가, 자기도 몰랐던 만담(漫談) 재능을 발견하고 조선 최고의 만담꾼이 된 '김윤심'이 그다.

작곡가, 연출가는 물론 극단 선배들마저 그만두고 집으로 돌아가라고 할 때, 그녀는 '무대 위의 삶'을 포기하지 않았다. 노래가 안 되면 만담으로, 얼굴이 부족하면 웃음으로, 공연을 못하면 극본을 썼다. 그렇게 대한민국 여성 희극인의 대모(大母)가 되었다.

⊗ 타고난 박치였지만 무대 향한 열정 넘쳐

김윤심은 황해도 수안(遂安)에서 태어났다. 평양과 개성 사이에 위치한 수안은 예로부터 양질의 금(金)이 많이 나기로 유명했으며, 19세기 말부터 근대적 방식의 금광 개발이 이어졌다. 그녀가 어렸을 때부터 수안 곳곳엔 '노다지'를 캐기 위해 몰려드는 사람으로 북적였다.

수안은 우리나라에서 기독교 문화를 가장 빠르게 받아들인 곳이기도 했다. 포목점을 운영하던 김윤심의 아버지는 서양 문화에도 일찍 눈 떠 그녀에게 근대 교육의 혜택을 입게 했다.

덕분에 평양의 명문 '숭의여학교'에 들어간 그녀는 학창 시절부터 근대적인 노래와 연극에 심취할 수 있었다. 김윤심은 남들 앞에서 주목받는 걸 좋아하고 즐겼다. 노래하고 춤추고 연기할 때면 다른 사람이 된 것마냥 흐뭇할 수 있었다고 한다.

| 김윤심

하지만 숭의여학교 3학년 시절 조선 제일의 유명 극단 '연극호(演劇號)'에 들어가기로 결심했을 때, 아버지는 불같이 화를 냈다. 아무리 그녀의 집안이 개방적인 분위기였어도 '딴따라'를 멸시하던 풍조는 어쩔 수 없

었던 모양이다.

교양 있는 여성을 길러내는 걸 제일 목표로 내세웠던 숭의여학교마저도 학생의 극장 출입이 발각되면 퇴학 조치를 내리던 시절이었으니 말이다.

그러나 노래와 연극을 향한 김윤심의 열정은 어찌할 수 없었다. 우여곡절 끝에 극단에 들어갔을 때, 김윤심의 나이는 겨우 열아홉이었다. 그녀는 먼저 가수로 데뷔했다. 하지만 노래는 김윤심에게 기대만큼 큰 성과를 가져다주지 않았다. 이제 갓 무대에 선 그녀가 부른 노래라곤 당시 유행했던 '고복수'의 〈타향살이〉를 흉내 내는 수준이었다.

무대 위에서 누구보다 열정적이었지만 관객 반응은 신통치 않았다. 노래에 재능이 없다는 사실을 누구보다 스스로가 더 잘 알고 있었다. 타고난 박치였기에 "박자 관념이 엉망"이어서 가수로서의 역량을 발휘하는 데 한계가 있었다.

이때 김윤심은 '좋아하는 것'과 '잘하는 것'이 다르다는 사실을 깨쳤다. 무대 위에서 노래 말고 잘할 수 있는 다른 일이 없을까 고심했다.

⊗ 운명을 바꾼 '신불출'과의 만남

평생을 이어갈 '무대 위의 삶'에 대한 고민이 깊었던 이때, 조선 만담계의 일인자 '신불출'을 만난다. 운명이었다. 신불출은 경성과 평양에서 열리는 유명한 공연들의 막간 무대를 책임지는 명실공히 당대 조선 최고의 만담가였다.

자칫 지루할 수 있는 막간의 시간을 활용해 관객들을 휘어잡고 다음 공연에 대한 기대를 이어가게 하는 중요한 역할이었다. 신불출이 능수능란하게 무대를 장악하고 관객들을 포복절도케 하는 모습을 보자, 김윤심은 자신도 저렇게 해보고 싶다고 생각했다.

기회만 노리고 있던 중, 어느 날 신불출이 공연 펑크를 내고 말았다. 평소 만담 연습에 매진하던 김윤심을 눈여겨봐온 극단주는 그녀를 무대 위로 급히 세운다. 만담가로서 첫 무대에 오른 셈이다.

그녀는 요즘 유행하는 말로 무대를 "찢었다." 떨지도 않고 신불출이 하던 대로 재연해내니, 사람들은 "젊은 여자애가 퍽 잘한다"라며 박수를 보냈다.

당시 조선 극장가를 주름잡던 변사 '조화수'가 마침 그 자리에 있었는데, 그녀의 재능을 알아보고 곧바로 픽업한다. 성공적으로 데뷔 무대를 마친 김윤심에 대한 소식을 신불출도 듣고, 곧 자신이 속한 '폭소대'로 영입한다. 그날 무대 이후 김윤심은 조선 만담계에 혜성처럼 등장한 인물로 유명세를 떨쳤다.

김윤심은 나날이 활약을 이어갔다. 하지만 당시 조선 만담계는 신불출 일인 독주체제나 마찬가지였고, 둘째가는 만담가 그룹도 대부분 남성이었다. 여성 만담가가 아예 없는 건 아니었지만, 남성 만담가의 보조적 역할을 수행하는 정도에 그치는 경우가 많았다.

여성도 무대의 주역이 될 수 있다는 걸 보여주기 위해 김윤심은 김연실, 나품심, 문일화 등 동료 여성 만담가들과 의기투합해 여성으로만 구성된 악극단 '기라성'을 창단하기도 한다.

신불출의 유일한 여제자인 동시에 신불출에 버금가는 능력을 가졌다는 소문이 돌자, 경성과 평양은 물론 멀리 부산과 대구에서도 김윤심을 찾는 사람들이 늘어났다.

'빅터 레코드'사와 계약해 만담 취입도 하고, 결국 제 이름을 가장 앞에 내건 단독 공연도 한다. 이후 일본과 만주 등지에서도 김윤심을 보고 싶어 하는 사람이 늘었고 국외 순회공연으로 이어졌다.

⊗ 당대 주류 질서에 대한 날선 비판과 풍자

김윤심은 스승 신불출의 만담을 듣고 배우며 깊이 연구했다. 관객들에게 웃음과 감동을 주기 위해선 '재담'과 '가창' 능력을 갖추는 건 물론 '학식'과 '정치적 식견'까지 가져야 한다는 사실을 누구보다 기민하게 알고 있었다.

그녀는 소리꾼들에게 발성을 배워 목청을 틔우는 한편 신불출이 구사하는 재담의 구조를 분석하는 걸 게을리하지 않았다. 또한 매일같이 신문을 찾아보며 세상 돌아가는 사정에도 어둡지 않으려 애썼다. 제자로서 스승의 명성에 누를 끼칠 수 없었고, 더해 그를 넘어서고 싶었기 때문이다.

결국 김윤심이 신불출의 그늘을 벗어날 수 있었던 계기는 '화류

김윤심의 스승이자
조선 만담계의 일인자 신불출

팔면상'이라는 만담을 직접 쓰고 공연하면서부터다.

조선 팔도 출신의 화류계 여성들이 자신의 출신 지역 말투로 당대의 저질 유흥 문화와 남성 권력자들의 여성 편력, 허위의식 따위를 비꼬고 조롱하는 형식과 내용이었다.

전라도 사투리를 하다가 평안도 사투리로 바뀌고 또다시 경상도 사투리를 늘어놓는 식이었다. 각기 다른 지역 사투리를 한 사람이 모조리 구현하는 솜씨가 기가 막혔다. 청중은 그녀의 공연에 흠뻑 빠져들었다.

김윤심의 화류팔면상은 이전의 만담과는 확연히 달랐다. 이전까지의 만담이 스승과 선배가 하던 가락과 대사를 외우고 흉내 내며 현장의 분위기와 이슈 따위를 한두 개 녹여내는 즉흥적 방식에 불과했다면, 화류팔면상은 김윤심이 창작자로서 직접 시나리오를 써둔 것이었기에 완결성이 높은 한 편의 서사가 될 수 있었다.

조선 만담의 수준이 한 차원 격상되었다. 더해 각 지역의 사투리를 고루 활용했던 게 주효했다. 근대화의 물결 속에 농촌에서 도시로 이주한 많은 노동자 대중은 그녀의 사투리를 듣고 친근감과 유쾌한 감정을 느낄 수 있었다. 요즘에도 사투리는 개그의 소재로 흔히 사용되는데, 화류팔면상은 방언을 사용한 코미디 콘텐츠의 원조 격이라고 부를 만하다.

화류팔면상의 대성공 이후 그녀는 계속해서 새로운 레퍼토리를 개발한다. 새롭게 준비한 '가정쟁이', '피장파장', '인간척도' 등도 연이어 대공성을 거둔다.

그녀의 공연은 웃음뿐만 아니라 당대 주류 질서와 남성 중심적 통념에 대한 날선 비판과 풍자가 가득 들어 있었다. 그녀는 차별받는 여성들의 목소리를 대변하는 '스피커'인 동시에 대중의 억눌린 감정을 쏟아놓는 '수도꼭지'이길 마다하지 않았다.

여성이 단독으로 무대에 올라 만담을 한다는 것 자체가 특별해 보이는 시대였지만, 남성들보다 더 빼어난 능력과 솜씨를 보여줬기에 김윤심은 조선 만담계에서 오랫동안 살아남을 수 있었다.

하지만 일본이 일으킨 '대동아 전쟁' 때문에 1940년대엔 조선의 문화 산업도 급격히 위축된다. 총동원의 시대였던 만큼 일본어를 사용할 수밖에 없었고, 전쟁 참여를 독려하는 내용만을 만담의 소재로 활용할 수밖에 없었다.

하지만 김윤심은 일제가 강요한 프로파간다 희극을 구현하는 자리에서마저 소탈하고 해맑게 웃을 수 있는 포인트를 집어넣어 대중의 환영을 받을 수 있었다.

⊗ 홀로 TV 방송에 적응하는 김윤심

식민지 시기에 활동했던 만담가 중에 해방 이후까지 명맥을 이어간 이는 흔치 않다. 좌익 사상에 깊이 빠져 있던 신불출이 월북하고 남한에 남아 있던 인사들도 '이승만 박사 환영식' 같은 이념 편향적인 무대에 동원되면서, 만담가의 공연 자율성은 크게 훼손되고 만다. 만담은 현장 공연에 적합한 예술 형식이었기에 라디오와 TV 시대로 넘어가면서 만담가가 설 자리를 잃게 된 것도 사실이다.

해방공간은 바야흐로 정치 과잉이었다. 김윤심도 남한 단독정부의 문화 동원 정책에서 예외일 리 없었다. 한국전쟁 시기엔 미군, 국군 위문 공연과 지방 순회공연 임무가 주어졌다. 김윤심은 관객이 박수 치는 무대라면 가리지 않고 열심이었다.

한국전쟁 이후 그녀는 한발 더 나아가 정부 기구에 직접 참여해 문화정책을 수립하고 조정하는 역할을 맡는다. '독립척송회'와 '애국부인회' 같은 관변 단체에서 중요 역할을 맡으면서, 여성 희극인의 사회적 세력화에 적극 나서기도 한다.

또 극예술 종사자들의 열악한 처우를 개선하고자 애를 쓰기도 했다. 제아무리 '사랑'과 '박수'를 먹고사는 직업이라지만 당시 문화인들의 불안정한 신분과 처지에서 오는 생활상의 고통을 누구보다 절실하게 이해하고 있었기 때문이다.

한편 김윤심은 매체 환경의 변화에도 능동적으로 대처했다. 식민지 시기 활동했던 희극인들 대부분은 급격한 미디어 변동에 적응하지 못했다. 만담가 출신 정통 희극인들이 TV 방송에 적응하지 못해 현장에서 배척될 무렵, 그녀는 코미디 창작가의 역량을 발휘해 직접 대본을 쓰고 프로그램을 기획했다.

비슷한 세대의 희극인들이 '퇴물' 취급을 받을 때, 김윤심은 홀로 '선배' 대접을 받으며 TV 방송에 적응한다. 더 이상 무대 위에 직접 올라 관객들과 호흡할 순 없었지만, TV 시대에 적합한 현대적 대본을 창작하고 방송용 코미디를 제작하는 일에 뛰어든 것이다.

그녀는 단박에 대중의 이목을 집중시키는 빼어난 외모의 소유자는 아니었다. 뭐든 더 열심히 해야 하고 치밀하게 준비해야만 사람들이 봐준다는 걸 잘 알고 있었다. 또 그녀는 일찍이 자신의 부족한 점에 대해 객관적으로 인정하고 가수의 길에서 미련 없이 내려오는 결단도 망설이지 않았다.

하지만 곧바로 무대 위에서 더 잘할 수 있는 일을 발견하고 그 재능에 자신의 노력을 보태 최고의 만담을 만들어냈다. 그녀는 인기를 얻고 나서도 다음 레퍼토리를 준비하는 일에 게으르지 않았다. 대중의 기호와 시대적 요구를 적절하게 버무려 '익숙함'과 '새로움'이 교차하는 콘텐츠를 만들었다.

⊗ 여성 희극인의 럽진한 삶과 가혹한 운명

김윤심은 당대 남성들만의 고유영역으로 간주되던 만담계에서 독보적인 위상을 누린 여성 만담가였다. 여성은 보조적 역할만 수행

요양원에서 생활하던 말년의 김윤심
(<한겨레>, 1990년 2월 23일)

해야 한다는 조선 예술계의 관습에 정면으로 반기를 들고, 홀로 무대에 올라 말 그대로 조선 만담계를 그녀만의 독무대로 만들었다.

막간의 형식에 불과하던 만담을 단독 공연이 가능한 수준으로 장르의 위상을 변화시킨 것도 그녀의 공이었다.

그녀는 '풍자'와 '해학'이야말로 대중의 마음속에 가장 큰 울림을 주는 '시대의 종소리'라는 사실을 이해하고 있었다. 여성으로서의 한계에 굴복하지 않고 거친 남성들의 세계에 기꺼이 뛰어들어 자신의 이름을 전면에 내건 공연을 만들고, 그 이름만으로 관객들을 끌어 모을 수 있는 '스타'가 되었다.

하지만 세월을 거스를 수는 없는 법. 1980년대 총천연색 TV 시대로 접어들자, 김윤심도 나이가 너무 많아지고 찾는 이가 없어졌다. 안타깝게도 그녀 역시 말년의 평안은 누리진 못했던 것으로 보인다.

젊은 시절 홀로 무대 위를 휘저었고 동료 희극인들의 권익 보호에 앞장섰던 그녀지만, 스스로가 타인에게 폐를 끼치는 것만은 끝내 마다했다. 자식마저 외국으로 이민 가버리고 홀로 남게 된 그녀는 노년의 쓸쓸한 삶을 견뎌야 했다.

거동도 하지 못하게 될 정도로 건강이 나빠진 1990년대 말경엔 경기도 군포의 한 요양원에 들어간다. 그러고 나서 얼마 지나지 않아 아무도 모르게 경기도 고양시 벽제의 한 무의탁 시설에서 눈을 감았다. 이미 사람들의 관심에서 비껴 선 인물이라 그랬는지 신문 지상엔 그 흔한 '부고(訃告)' 하나 남아 있지 않다.

그녀가 평생 사용한 '김윤심'이라는 이름도 주민등록상의 본명(김윤옥)과 달라 그녀의 사망 일자는 정확하게 확인되지 않는다.

젊은 시절 뛰어난 성취를 보여준 여성 활동가의 말년이 그리 편안하지 못했다는 사실은 너무나 안타까운 일이다.

한국 사회에서 독보적인 삶을 살았던 여성들의 삶은 대개 비극으로 끝나는 경우가 많았다. 20세기 여성들의 핍진한 삶과 가혹한 운명을 보여주는 상징적인 장면이기도 하다.

한국 스포테인먼트 역사를 가로지른 족적

한국 프로레슬링계의 풍운아,
김일(金一, 1929~2006)

⊗ 어렵던 시절, 국민의 영웅

1990년대 말 IMF 외환위기 시기 국민에게 거의 유일한 위안은 '박세리'와 '박찬호'의 승전보였다. 한국인으로선 처음으로 '골프'와 '야구' 분야에서 종주국인 서양 선수들과 겨뤄 당당히 승리하는 모습에 국민은 잠시나마 행복한 감정을 느꼈다.

남다른 노력과 실력으로 국외에서 선전을 펼치는 운동선수에게 국민은 자연스럽게 감정을 이입했다. 너나없이 박찬호의 승리 가치를 금전으로 환산해보고, 박세리의 LPGA 메이저 대회 우승이 얼마나 어려운 일인지 입을 모아 이야기하곤 했다.

위태로운 시간을 견뎌야 하는 순간이 오면 으레 의지할 데를 찾기 마련이다. 전례 없는 경제 파탄으로 웃을 일 없고 기댈 곳 없던 사람들에게 해외에서 활약하는 한국의 스포츠 영웅들은 아주 좋은 피로회복제였다.

한바탕 크게 웃고 주먹을 불끈 쥐고 나면 '실직'과 '내핍'으로 찌든 삶이 약간이나마 개운해지는 것 같았다. 당시 활약했던 선수들이 지금까지도 좋은 이미지로 남아 있는 까닭은 그 시절 그들이 우리의 마음을 무엇보다 크게 위로해줬기 때문이다.

1990년대에 박세리와 박찬호가 있었다면, 1960~1970년대 한국인들에겐 박치기왕 '김일'이 있었다. 국민소득이 100달러도 안 되던 시절에 우리보다 월등하게 잘 사는 나라의 선수들과 대등하게 경쟁하는 모습을 통해 사람들은 희열과 쾌감을 맛봤다. 우리나라 국민에게 김일은 단순한 '운동선수'나 '엔터테이너'가 아니었다.

사람들은 링 위에서 맞고 있는 김일의 고통에 같이 아파하고, 가까스로 이겨내는 그의 승리에 함께 기뻐했다. 얼마나 인기가 많았으면, 당시로선 드물게 그의 경기 실황이 다큐멘터리로 제작되어 영화관에서 상영될 정도였다.

일본을 넘어 전 세계 레슬링계를 차례차례 정복해가는 그의 도전과 포기하지 않는 열정은 우리도 할 수 있다는 자신감을 북돋아주는 격려나 다름없었다.

⊗ '마침내 승리하는 선수' & '내내 두드려 맞는 선수'

김일은 압도적인 전력으로 상대를 몰아붙여 일방적인 승리를 거두는 선수가 아니었다. 통산 3천여 경기를 치르는 동안 그는 늘 상대의 무자비한 공격과 부정한 반칙을 당해야만 했다.

수세에 몰려 패배 직전까지 갔다가 마지막 회심의 일격을 통해 대역전을 거두는 경기야말로 '김일표 레슬링'의 특징이었다. 그는 '마침내 승리하는 선수'이기도 했지만, 실상은 '내내 두드려 맞는 선수'이기도 했던 셈이다.

온몸에 멍이 들고 머리에서 피가 터질 때까지 그는 맞고 또 맞았다. 몸무게가 200kg에 육박하는 거구에게 짓눌리고, 키가 2m나 되는 상대에게서 드롭킥이 날아왔다. 그렇게 2, 30분 가까이 두드려 맞아야만 진정한 '김일의 시간'이 시작될 수 있었다. 그에겐 마지막 무기 '박치기'가 있었기 때문이다.

경기 내내 질 것처럼 보이다가도 극적으로 승리하는 경우가 많

김일의 박치기

았기에 사람들은 그에게 더 큰 환호와 박수를 보냈다. 그의 허리에 채워진 수많은 챔피언 벨트는 절박하고 처절한 싸움 끝에 얻어낸 성취였다.

김일의 인기는 아이와 어른을 가리지 않았다. 흑백 TV조차 드물었던 시절, 별반 볼거리가 없었던 사람들에게 김일의 레슬링 경기는 '최고의 오락거리' 그 자체였다. 경기가 있는 날이면 도시의 만화방엔 아침부터 "오늘 김일 레슬링" 전단지가 내붙었다.

시골 마을 이장 댁은 마당으로 몰려들 동리 사람들을 위해 TV를 대청마루로 미리 내다놔야 했다. '인프라'는 열악했지만 김일은 한국 스포테인먼트 산업의 서막을 걷어 올린 주인공이었다.

1960~1970년대 국민이 김일에게 열광한 이유는 그의 경기가 흥미로운 볼거리인 까닭도 있었지만 역사적인 요인도 크게 작용했음을 부인할 수 없다.

사람들은 일본 프로레슬링계에서 홀로 고군분투하는 김일에게 식민지 시절 조선인이 겪은 설움을 투영했다. 또한 다른 나라 선수들과 당당히 맞서 싸우는 모습을 통해 격동기 한국이 나아갈 방향을 설정하기도 했다.

그는 일본인과 서양인 선수들을 상대하면서도 전혀 주눅 들지 않고 승리에 굶주린 야수처럼 돌격했다. 사람들은 그가 박치기로 때려눕힌 일본인 선수를 보며 식민지 시절 억압당했던 기억을 해소했고, 거구의 서양인을 쓰러뜨리는 장면에서 묘한 쾌감을 느꼈다.

⊗ 반드시 넘어야 할 큰 산, '역도산'

전라남도 고흥군 거금도에서 태어난 김일은 해방과 한국전쟁을 경험한 뒤 레슬링을 배우고자 일본으로 떠난다. 일본에 도착한 직후 밀항한 사실이 적발되어 1년간 징역을 살았지만, 레슬링을 향한 꿈과 희망은 접지 않았다.

감옥에서도 당대 최고의 프로레슬링 선수였던 '역도산(모모타 미츠히로)'에게 매일같이 편지를 써, 제자로 받아주길 청했다. 다행히 김일의 애원에 역도산이 응답하면서 스승과 제자 관계를 맺는다.

역도산은 일찍이 식민지 시기였던 1939년 일본으로 건너가 일본 전통 국기인 '스모'를 평정한 바 있다. 하지만 일본인이 아니라는 이유로 스모계의 가장 높은 자리인 '요코즈나'에 오를 기회를 얻진 못했다.

좌절하지 않고 이후 레슬링으로 종목을 바꾼 그는 '일본 프로레슬링의 아버지'라고 불릴 정도로 프로레슬링 흥행의 초석을 다진 인물이자 '프로레슬링 비즈니스'를 발전시킨 주역이기도 하다.

'스승 역도산'과 '제자 김일' 사이엔 공통점이 많다. 두 사람 모두 식민지 조선 출신 선수로 일본에서 활동했기에, 지독한 차별을 겪어야만 했다.

해방 이후에도 '불령선인' 취급은 여전했다. '조센징'이라는 멸시와 하대는 내면의 자아분열로 이어졌고, 둘은 스스로 조선인이 아닌 것처럼 행동하고 생각하는 지경에 이른다.

김일-자이언트 바바-
안토니오 이노키,
이 셋은 모두 역도산의 제자다

　자기 정체성 부정은 일본 프로레슬링계에서 살아남기 위한 발버둥이기도 했고, 대중의 냉대가 두려운 스타의 숙명이기도 했다. 두 사람 모두 이름도 일본식으로 고쳐 사용했고, 한국 출신이라는 말을 꺼내는 것 자체를 금기로 여길 정도였다.

　역도산의 본명은 '김신락'이었고, 김일의 일본 이름은 '오키 긴타로'였다. 김일의 활동명도 역도산이 지어줬다. 그러나 이들에게 한국인이라는 정체성은 감추려고 하면 할수록 드러나는 본성이었고, 만지면 만질수록 계속 덧나는 상처이기도 했다.

　역도산이 김일과 함께 육성한 '안토니오 이노키', '자이언트 바바' 등 많은 일본인 제자가 이후 일본 레슬링계의 주역으로 성장했다. 그들이 협회와 미디어를 모두 장악하면서 역도산의 첫 번째 제자 김일은 소외되고 불안한 위치에 놓일 수밖에 없었다. 한국 출신이라는 약점이 늘 발목을 잡았다.

　훈련생 시절에도 김일은 다른 선수들과 늘 다른 취급을 받았다.

역도산은 다른 일본인 제자들에게 '웨이트 트레이닝'과 레슬링 공격 기술을 가르쳤다면, 김일에겐 '맞는 법'을 먼저 가르쳤다.

실제로 김일은 역도산에게 레슬링을 배우며 무참하게 많이 맞았다고 한다. 나이 어린 일본인 선수들은 절대로 때리지 않았지만 김일에겐 유독 가혹했다.

회고에 따르면 "훈련하다가 다쳐 상처를 꿰매고 오면, 그 자리를 다시 때려 터뜨렸다"라고 한다. 그러던 역도산이 오랜 시련을 겪던 김일에게 충고를 하나 한다. "너는 한국인이니까 박치기를 연마해." 김일의 전매특허 '외발 박치기'는 그렇게 시작되었다.

역도산의 교육 방식은 지금으로선 상상도 못할 일이다. 가혹행위라고 해도 무방할 정도로 혹독한 수련은 김일에게 참을 수 없는 고통을 줬을 것이다. 하지만 역도산의 특별대우(?)가 그를 누구보다 강한 레슬러로 성장하게 만든 것도 부인하기 어렵다.

김일이 본격적으로 선수 활동을 시작했을 때, 역도산은 반드시 넘어야 할 '큰 산'이자 '라이벌'이기도 했다. 실제로 죽기 직전까지 역도산은 김일에게 애증의 대상이었다.

역도산은 자신과 비슷한 처지였던 한국 출신 제자가 험난한 일본 텃세를 이겨낼 수 있도록 강인한 존재로 만들고 싶었는지도 모른다. 역도산에겐 김일 외에도 아끼는 일본인 제자와 능력 있는 후계자들이 많았지만, 챔피언 벨트를 넘겨받은 건 김일이었다.

일본에서 활동하던 한국인들 중 조선 출신임을 숨긴 이가 적지 않았다. 일본인의 차별과 소외에 맞서는 소극적인 방식으로 보이지만, 조선인 차별이 극심했던 당시로선 그렇게 할 수밖에 없는 처지가 이해되는 것도 사실이다.

하지만 이들은 끝내 자신이 한국인이었음을 깨닫고 정체성을 다시 회복하는 존재이기도 했다. 역도산이 남몰래 한국 음식을 즐겼다는 일화와 한국식 문화를 버리지 않았다는 사실은 영화 〈역도산〉에도 나올 만큼 유명하다.

김일은 1960년대 한국으로 돌아와 다시 국적을 회복하고 '한국 프로레슬링 연맹'을 창설했다. 한국에서도 프로레슬링 '붐'을 일으키고 싶어 했다.

한국으로 복귀해 활동한 뒤부턴 일본에서 경기할 때조차 한국인임을 숨기지 않았다. '한국 파이터'의 상징이랄 수 있는 호랑이 무늬 자수 가운을 입고 입장한 것도 그 즈음부터다. 대중이 열광하던 '국가대표 김일'의 프로레슬링 시합이 시작된 것도 그때부터다. 김일의 시합이 곧 '한국 vs. 일본'의 대결로 인지되었다.

패전을 경험한 일본인들은 역도산이 미국 레슬러들에게 승리하는 모습을 통해 자존심을 회복했다. 그와 비슷하게, 한국인들은 김일이 일본 레슬러를 박치기로 때려눕히는 장면을 통해 식민지 시대 일본으로부터 받았던 상처를 치유했다.

역도산과 김일은 평생의 인연만큼이나 유사하게 일본과 한국에서 같은 맥락으로 소비된 대중 흥행의 콘텐츠이기도 했던 셈이다.

⊗ 프로레슬링은 '쇼'였지만 시합만은 '진짜'처럼

김일은 타고난 완력과 맷집이 대단한 사내였다. 대대로 장사인 집안에서 태어났기 때문이다. 그의 아버지 역시 키가 6척에 가까울 정도로 기골이 장대했다고 한다. 그는 열네 살밖에 안 된 나이에 지역 씨름대회에서 성인들을 모두 누르고 우승을 차지한 적도 있다.

당시로선 보기 드물게 185cm의 신장에 120kg의 체중을 가진 신체 조건이었다. 한창 먹을 땐 앉은 자리에서 손바닥만 한 크기의 생선 아흔아홉 토막을 해치운 적도 있다고 한다. 쇠도 삼키고 돌도 소화시킬 수 있을 것 같았던 시절이다.

김일은 한국에서 선수로 전성기를 보내며 1967년 드디어 세계 헤비급 챔피언에 오른다. 이후 그가 차지한 챔피언 벨트는 수십 개가 넘는다.

하지만 전성기를 지나 기량이 쇠하자 그도 패배에 익숙해져야만 했다. 또 마지막 박치기 한 방만 고집한 경기 스타일도 시간이 흐르니 더 이상 매력을 주지 못했다. 세월의 섭리였다.

일본에서 불의의 사고로 사망한 역도산을 잇는 프로레슬링의 아이콘으로 '안토니오 이노키'가 떠오르면서, 김일은 그와 맞서다가 무참하게 당하는 장면을 연출한다.

사실 안토니오 이노키와 김일은 역도산 문하에서 같은 방을 썼을 정도로 훈련생 시절부터 가까운 사이였다. 열네 살이나 적은 이노키에게 자연스럽게 패배하는 시나리오로 일본 프로레슬링 '쇼 비

김일과 안토니오 이노키

즈니스'에 성실하게 응했던 것이다.

그렇다, 프로레슬링은 '쇼'였다. '스포츠'와 '엔터테인먼트'의 결합이라고 볼 수 있다. 하지만 모든 게 '가짜'라고 불리는 건 부당하다. 지금도 미국에서 열리는 'WWE' 대회는 쇼인 줄 알면서도 기꺼이 열광하는 관객들로 가득하다.

사람들은 프로레슬링이 가짜로 하는 시합인 줄 알지만, 역동적이고 박진감 넘치는 경기를 보여주고자 그들이 흘리는 '땀'과 '피'는 진짜라는 사실을 잘 이해하고 있다.

레슬링 관객들은 바보가 아니라 오히려 성숙한 문화 소비자들이다. 잘 짜인 경기 시나리오와 드라마의 인물 구성을 방불케 할 정도로 정교하게 설정된 '적대'와 '동맹' 관계들이 '프로레슬링 월드'라고 불릴 만한 세계관을 옹립하고 있다.

김일이 활동할 당시는 '스포테인먼트' 사업의 초창기였기에 사람들은 프로레슬링이 진짜냐 가짜냐를 두고 다툼을 벌일 정도였다. 국내에서 김일의 라이벌이었던 '장영철'이 당시 한 언론과의 인터뷰에서 "레슬링은 쇼"라고 폭로했을 때(《동아일보》, 1965년 11월 29일), 사람들이 느낀 혼란과 실망은 무척이나 컸다.

하지만 프로레슬링 선수들은 그때나 지금이나 "프로레슬링은 쇼가 맞지만, 경기와 시합만큼은 진짜"라고 말하곤 한다. 훗날 '레슬링 쇼 파동'에 관해 묻는 기자에게 "인생 자체가 어차피 한 판의 쇼 아니겠소"라고 대답한 김일의 일갈은 철학적으로 느껴지기까지 한다.

김일은 평생 격투가로 살아온 대가를 말년에 혹독하게 치렀다. 당뇨와 만성신부전증으로 오랫동안 투병했다. 전성기 시절 육중했던 몸도 체중이 절반으로 줄어들 정도로 홀쭉해졌다. 밥 한 공기를 다 비우지 못할 정도로 소화력도 약해졌다.

그럼에도 김일은 죽기 직전까지 '한국 프로레슬링계의 풍운아'로서 자신의 역할과 소임을 다했다. 프로레슬링 외에도 다양한 볼거리와 즐길 거리가 늘어난 1990년대 이후 한국 프로레슬링은 급격히 쇠락했지만, 김일은 마지막까지 프로레슬링의 부활과 흥행을 위해 노력했다.

김일은 죽기 몇 해 전부터 자신을 멋진 챔피언으로 만들어주기 위해 희생하고 조연 역할을 담당했던 동료 선수들을 찾아가 고마운 마음을 전했다고 한다.

일본에서 활약하다가 한국으로 돌아오자마자 한국 프로레슬링계를 석권했기 때문에, 당시 먼저 활동하고 있던 토종 한국 선수들은 김일을 뒤치다꺼리하는 희생양이 될 수밖에 없었다.

김일은 냉철한 승부사이자 쇼 비즈니스의 주인공이기도 했지만, 자신을 돋보이게 만든 이들의 양보와 헌신의 의미를 깊이 이해하는 성숙한 인간이기도 했다. 그는 '남해산', '여건부', '이왕표', '노지심'과 같은 후배들을 양성하는 일도 게을리하지 않았다.

이리 보고 저리 봐도 김일은 우리나라 '스포테인먼트' 역사상 가장 뛰어난 족적을 남긴 사람임이 분명하다. 김일 사후 한국 프로레슬링은 더욱 쪼그라들어 명맥조차 유지하지 못하고 있다.

그의 고향 전남 고흥군은 2019년부터 '김일 대한민국 스포츠영웅 선정 기념' 세계프로레슬링대회를 매해 개최하고 있다. 하지만 안타깝게도 관객은 그다지 많이 들지 않는다고 한다.

현대바둑의 패러다임을 바꾼
역사적인 행마

신(神)이라 불린 바둑계의 돌부처,
이창호(李昌鎬, 1975~)

⊗ 알파고와 대결한 이세돌이 가장 존경하는 기사

바둑은 동양에서 가장 오래된 취미이자 두뇌 활동 중 하나다. 어떤
이는 바둑을 "반상 위에서 펼쳐지는 조용한 전쟁"(김영상)이라고도
하고 "인류가 도달한 가장 수준 높은 교양이자 철학"(우칭위엔) 그 자
체라고 말하는 사람도 있다. 바둑만큼 개인의 품성과 기질이 짙게
드러나는 취미생활을 찾기란 쉽지 않다.

역사 이래로 지금까지 같은 바둑은 없다는 말이 있을 정도로,
1만 판을 두면 1만 가지 수가 나온다는 바둑은 그만큼 오묘하며 신
비롭다. 바둑에 재능이 있고 바둑을 좋아해 바둑만을 둬온 인생이

있다. 우리는 그들을 '프로 기사'라고 부른다.

기술 문명이 지배하는 현대 사회에서 '카드'와 '체스(장기)' 같은 인류의 오랜 취미와 게임이 차례차례 컴퓨터(인공지능)에 의해 정복당했을 때도, 바둑만은 영원히 기계가 인간을 따라잡을 수 없는 분야일 거라는 확신이 있었다.

바둑을 둘 때 생겨나는 무한대에 가까운 경우의 수는 컴퓨터가 담당하는 계산의 영역이 아니라 인간의 직관과 철학만이 감당할 수 있는 지평이라는 주장이었다.

물론 '알파고'의 등장 이후 바둑에 대한 인간의 오랜 착각과 잘못된 믿음은 산산이 부서지고 말았다. 알파고의 출현으로 바둑이 더 이상 예술과 철학을 담은 취미이자 교양의 영역이 아니라, 철저한 계산과 실리적 운용을 통해 승패를 결정하는 '두뇌 스포츠'임이 증명되었다.

2016년 3월 인간과 알파고 사이에 벌어진 '역사적인 대국'에 나선 상대가 '이세돌'이었기 때문에 사람들은 세계 제일의 바둑 기사이자 인류의 대표 격으로 이세돌을 떠올리는 경우가 많다. 그 유명한 4국 '신의 한수'로 알파고를 이겨본 유일한 인간으로 남을 가능성이 높아진 이세돌도 세계 최정상급 기사인 건 분명하지만, 이세돌 이전에 '살아 있는 바둑의 신'이라 불린 '이창호'가 있었다.

이창호는 그 누구에게도 고개를 숙이지 않던 천하의 이세돌조차 유일하게 기보를 참고하고 깍듯하게 존경을 표하는 기사다.

⊗ 살아 있는 바둑의 신 vs. 신발 끈도 못 매는 아이

> "상대가 역류를 일으킬 때에 즉각 반응하는 것은 어리석다. 상대의 역류에 순류를 유지한다면 상대에겐 그것이 역류가 된다. 그러니 나의 흐름을 흔들림 없이 견지하는 자세야말로 최고의 방어수단이자 공격수단이 되기도 하는 것이다."

이창호는 바둑에 대한 낭만적 신화가 아직 강하게 운위되던 시대의 끝자락에 등장했다. 젊은 사람들에겐 몇 년 전 인기리에 방영된 드라마 〈응답하라 1988〉 '택이'(박보검 역)의 실제 모델로 유명하다. 드라마에서 재현된 것처럼 이창호는 바둑 외엔 할 줄 아는 게 없는 소년이었다.

전주에서 금방을 하던 아버지 그리고 할아버지가 일찍이 이창호의 바둑 기재(棋才)를 알아보고, 한국 현대바둑의 기틀을 마련한 당대 제일의 국수 '조남현' 9단에게 창호를 뵈었다. 조남현은 단박에 이창호가 크게 될 인재라는 걸 눈치채고, 당시 국내대회와 세계대회를 가리지 않고 휩쓸며 최전성기를 누리고 있던 '조훈현'에게 이창호를 맡아 달라고 부탁한다.

조훈현은 우리나라에서 지금까지도 깨지지 않는 프로 바둑 기록을 수없이 가지고 있는 전설적인 기사다. 역대 최연소인 열 살 나이에 프로에 입단한 기록과 최다 우승 타이틀도 보유하고 있다. 당대 일본과 중국에 밀려 '삼류 바둑', '바둑 변방' 취급을 받던 한국을 일

약 바둑 최강국으로 도약하게 만
든 주인공도 조훈현이다.

바둑에 관해선 누구에게도 뒤
지지 않고 타고난 천재란 소리를
들으며 훗날 '국수(國手)'의 반열
에 오른 조훈현이 일평생 단 한
명의 '내제자(집안에 들여 함께 살
며 가르치는 제자)'를 받아들이고
길렀는데, 그가 바로 이창호다.

하지만 제자 이창호는 처음
부터 스승 조훈현에게 눈에 띄는

'바둑의 신'이라 불린 이창호
(한국기원 제공)

재능을 보여주진 못했다. 어린 나이임에도 다른 곳에 눈길도 돌리
지 않고 바둑에만 매진했으나, 번뜩이는 기재나 송곳같이 날카로운
공격력은 좀처럼 발휘하지 못했다.

그래서 스승은 그저 종일 바둑만 생각하고 연습하는 제자를 기
특해하며, 프로 입단은 그냥저냥 하겠구나 생각했다.

스승은 좀처럼 공격하지 않고 물고 늘어지지도 않는 제자가 답
답했다. 누구보다 기재에 밝아 천재성을 지니고 있던 스승이 보기
에 제자의 바둑은 아둔하고 답답하기만 했다.

언젠가 한 번은 "왜 상대가 빈틈을 보였을 때 약점을 파고들어
공격하지 않았느냐?"라고 스승이 질문했을 때, 제자는 "급하게 공격

하면 크게 이길 수 있으나, 자칫 잘못하면 역공을 당할 수 있습니다. 하지만 이때 제 집을 더 두텁게 살피고 아끼면, 반드시 반집 이상으로 이길 수 있습니다."라고 대답했다.

이창호는 상대를 철저하게 공격해 무찌르는 바둑을 두지 않았다. 그와 바둑을 두는 사람은 제 몫의 실력을 온전히 발휘하고도 결국엔 스스로 허물어졌다. 귀신 같은 경험이었다. 이창호를 수식하는 수많은 별명 중에 '반집의 승부사'라는 말이 나온 연유다.

이창호를 내제자로 들인 지 얼마쯤 지나 스승은 제자의 끈기와 인내가 남다른 결실을 맺게 될 거란 사실을 알아챈다. 매일 혼자 바둑을 두다가 자정이 넘으면 바둑책을 손에 쥐고 앉아서 잠이 드는 일도 부지기수였다. 게다가 이창호는 신중하고 사려 깊었다. 조훈현의 집에서 살 때, 이창호가 큰소리를 내는 걸 단 한 번도 보지 못했다고 한다. 어느 누구에게라도 화를 내는 법이 없었다.

특정 분야의 천재가 대개 그러하듯, 바둑 외엔 어떤 것도 능숙하지 못했다. 유명한 이야기로, 중학교에 갈 때까지 혼자서 머리를 못 감았다거나 신발끈을 맬 줄 몰라 한 번 풀리면 누군가가 다시 매줄 때까지 며칠이고 끈을 풀썩거리며 다녔다고 한다.

이창호는 국회에서 여야 이견 없이 한 개인에게 병역 특혜를 주기 위해 법안을 발의해 통과시킨 유일한 대상이었는데, 훈련소에서 전투화 끈을 혼자 매지 못하는 그를 위해 국방부에서 '찍찍이 전투화'를 따로 마련해줄 정도였다.

288

이런 일화와 성향 때문에 훗날 조훈현은 이창호를 '보이지 않는 천재'로 평했다.

더 흥미로운 점은 공평과 차별에 대한 감각이 예민한 우리나라에서 이창호의 병역 면제 혹은 한국 바둑 역사상 최초의 특별 승단 적용 같은 특혜와 배려 조치에 불만을 표현하는 이를 찾기 어려웠다는 것이다. 유례를 찾기 힘든 정서와 분위기다.

지금은 세계를 뒤흔들 정도로 인기 많은 슈퍼스타나 특정 분야에서 압도적 성취를 보여준 사람에게도 선뜻 특혜를 주기 어렵다. 그 시절 이창호는 대한민국이 아끼고 보살펴야 할 '국보'이자, 국민 모두에게 사랑받는 '바보 천재'였다.

⊗ 더 큰 세상을 향해 날아오르기 위한 이소(離巢)

> "위험한 곳을 과감하게 뛰어드는 것만이 용기가 아니다. 뛰어들고 싶은 유혹이 강렬한 곳을 외면하고 묵묵히 나의 길을 가는 것도 용기다."

이창호는 열한 살 나이에 프로 입단에 성공한다. 스승의 기대엔 못 미쳤으나 스승 외엔 다른 누구보다도 빠른 프로 입단 기록이었다. 그리고 입단 이후의 행보는 놀라움의 연속이었다.

이창호가 열세 살 나이가 되었을 때, 한국엔 더 이상 그의 상대가 없을 정도였다. 이창호는 이른 나이에 재주를 보인 소년 기사 수준이 아니라 한국을 대표하는 바둑 기사가 되어 있었다. 스승이 보유하고 있던 국내 기전과 국제대회 타이틀을 하나씩 야금야금 빼앗더니, 그토록 화려했던 스승을 무관의 지위로 내려보냈다.

일인자가 되기 위해선 스승과의 대결을 피할 수 없었다. 운명이었다. 제자는 겸손하고 조용하게 대국에 임했고, 스승은 바둑 한 판을 두며 장미 담배 네 갑을 비울 정도로 고민했다. 스승과 제자가 대국을 펼칠 때마다 온 국민의 관심이 집중되었다. 이창호가 더 많이 승리했고, 조훈현은 제자에게 타이틀을 빼앗긴 스승이 되었다.

이후 조훈현과 이창호는 단순히 사제지간의 관계를 뛰어넘어 가장 훌륭한 맞수로 오랫동안 승부한다. 한국 바둑의 최전성기를 조훈현과 이창호가 동시에 활동하던 1990년대부터 2000년대까지로 꼽는 건 당연하다. 이 시기 이창호는 현대바둑 역사상 그 누구도 달성하지 못한 '16년간 이어진 세계 랭킹 1위'의 대기록(1990년 11월 ~2006년 3월)을 남긴다.

최연소 국제대회 우승은 물론 사상 최초 국제 메이저 대회 그랜드슬램을 달성한 이도 그가 유일하다. 바둑을 아는 사람들은 어떤 공격과 위기 상황에서도 돌부처처럼 흔들림 없던 이창호의 경기에 혀를 내둘렀고, 바둑을 모르는 사람도 이창호라는 인물이 바둑계에서 신처럼 떠받들어진다는 사실에 놀라움을 금치 못했다.

열여덟 살이 되었을 때, 이창호는 스승의 집에서 나와 분가한다. 아기새가 자라 어미새의 둥지를 떠나 이소(離巢)하듯 그는 스승의

스승 조훈현과 대국하는 이창호

곁을 떠났다. 이 시기는 이창호가 확고부동하게 전 세계 제일의 실력자로 인정받을 때다.

그전까지 현대바둑은 일본과 중국이 이끌고 있었다. '포석'과 '정석' 같은 바둑의 기초를 창안한 일본의 '우칭위엔'을 현대바둑의 기원으로 꼽았고, 중국에서 배출한 괴물 같은 기사들이 현대바둑을 발전시켰다고 생각했다. 스승 조훈현도 일본으로 유학해 우칭위엔의 스승이기도 한 '세고에 겐사쿠' 휘하에서 바둑을 배우고 고국으로 돌아와 한국 바둑계를 정복했을 정도였다.

하지만 이창호의 등장 이후 콧대 높은 일본과 중국의 바둑계는 맥을 못 췄다. 중국에서 '기성(棋聖)'이라고 불릴 정도로 절대강자였던 '마샤오춘'은 이창호에게 특히 약했다.

중국 언론은 "하늘은 왜 마샤오춘을 내리고 또 이창호를 내리셨나" 하고 원통해했다. 일본 기원은 이창호에게 연전연패하는 자국의 내로라하는 기사들을 보며 "일본 기원 전체를 내주고서라도 이창호를 사고 싶다"라고 공개적으로 이야기할 정도였다.

⊗ '상하이 대첩'의 기적

> "노력을 이기는 재능은 없고, 노력을 외면하는 결과도 없다."

공식 경기만 따져도 수천 판을 뒀던 그의 바둑 중에 특별하지 않은 판이 있었겠냐마는, 그의 위상과 실력을 가장 돋보이게 만든 대회는 바로 '상하이 대첩'이라고 불리는 '2004년 농심 신라면배 세계바둑최강전'이다.

이 대회는 한중일 국가대항전의 대결 형식으로, 승자연전제 방식이었다. 각국의 대표가 나와 상대를 물리치면 계속해서 다음 상대를 또 맞고 한 번이라도 지면 탈락했다.

한중일 세 나라의 자존심이 걸린 대회라 당시 한국도 최고의 전력을 꾸려 대회에 임했다. 하지만 어쩐 일인지 한국 대표들은 일본과 중국 기사에게 연이어 대패를 당하고 만다. 결국 이창호 혼자만 남았고 일본과 중국 기사는 각각 두 명과 세 명씩 살아남아 있었다.

중국 언론은 돌부처 이창호를 드디어 꺾을 기회이며, 홈그라운드에서 한국의 코를 납작하게 만들 때라고 호들갑을 떨었다. 일본에서도 이창호 때문에 바둑 종주국의 명성에 흠집 난 상처를 치유할 기회로 벼르고 있었다. 게다가 이창호는 당시 슬럼프에 빠져 있었고, 기름진 중국 음식이 입에 맞지 않아 배앓이를 하는 등 컨디션도 최악인 상황이었다.

292

'상하이 대첩'의 마지막 한국대표 기수 이창호가 대국장에 들어서는 장면

누가 봐도 불리한 형국이었다. 그런데 이창호는 일본 최고의 기사 두 명과 중국의 기사 세 명을 내리 잡아내며 세계대회 타이틀을 수성한다. 적진에서 난다 긴다 하는 최고의 기사 한 명 한 명을 상대하기도 버거웠으나, 특유의 뚝심으로 모든 승부의 균형추를 자신에게로 돌려놨다.

사실 '상하이 대첩' 이전에도 이창호는 중국에서 '신산(神算, 계산의 신)'이라고 불릴 정도로 추앙받고 있었는데, 이날 이후 일본과 중국 바둑인들에게 '공한증'을 불러일으키는 대상이자 전 세계 바둑인들에게 가장 존경받는 기사로 우뚝 섰다. 절대적인 강자로 십수 년을 군림하면서도 모두에게 사랑받는 건 쉬운 일이 아니다.

바둑 팬들은 이창호의 타고난 성품과 상대를 존중하는 태도, 승부 앞에 겸손하며 언제나 최선을 다하는 자세 등에 매료되었다. 이후 중국인들 가운데 자국 선수와 이창호가 경기할 때마저 이창호를 응원하는 사람이 많았다.

중국의 정치지도자 '시진핑'이 한국에 방문하고자 했을 때, 가장 만나고 싶은 사람으로 이창호를 꼽았던 사실은 유명하다. 실제로 당대를 주름잡던 바둑 기사들 중에 '천재'나 '기성'으로 칭해지는 경우는 많았지만, 전 세계인들 모두에게 '신'이라고 불린 사람은 이창호가 유일했다.

⊗ '이기는 싸움'보다 '지지 않는 바둑'

> "그럼에도 확신을 갖고 말할 수 있다. 겸손과 자존심은 대립하는 개념이 아니다. 꺾이지 않는 단단한 자존심을 가진 사람만이 진심으로 겸손할 수 있다."

이창호는 단순히 우승을 많이 한 프로 바둑 기사만은 아니었다. 스승의 스승이기도 한 '우칭위엔'이 현대바둑의 기틀을 마련했다면, 이창호는 현대바둑의 패러다임을 '계산'과 '끝내기'로 전환시킨 입지전적인 인물이다.

이창호 이전까지 현대바둑은 '대마'와 '기세', '사활', '전투' 같은 항목이 중요하게 취급되었다. 하지만 이창호는 돌부처 같은 인내와 끈기로 중반 이후 두터움을 추구하고 종반의 계산을 계속 상기하며 두는 바둑을 창안해냈다.

그진까지 계산과 끝내기는 그저 날카로운 공격 끝에 상대의 대마를 잡거나 자신의 집을 지켜낸 자연스러운 결과로만 봤다. 하지만 이창호는 엄청난 계산 능력과 끊임없는 형세 판단을 바탕으로 무조건 반집 이상 이기는 유리한 승부를 이끌었다. '이기는 싸움'보다 '지지 않는 바둑'을 지향한 것이다.

이창호 이후 현대바둑의 패러다임은 완전히 바뀌었다. 계산과 끝내기를 중요시하는 기풍은 여전하다. 알파고의 바둑이 화제가 되었을 때, 수많은 전문가가 알파고의 수는 인간 기사 중에선 이창호의 수와 가장 닮아 있다고 평가할 정도였다.

겉으로만 보면 이창호는 명석하고 날카로운 인상이 아니지만, 한 수를 둘 때마다 상대의 응수에 따라 전개될 100판의 바둑을 머릿속으로 미리 둬본다고 한다. 제한된 시간 안에 이런 과정을 해냈으니, 그의 계산 능력은 그야말로 천재적이다.

이전까지 바둑은 예술이나 철학의 영역으로 간주되었지만, 이제 '마인드 스포츠'로 평가받는다. 40대가 넘어야만 더 나아가 60대 이상이 되어야만 진수를 놓을 수 있다는 바둑에 대한 과거의 관점은 이제 완전히 바뀌었다.

이창호 이후 현대바둑은 20대 기사 전성시대를 맞았다. 30대만 넘어가도 계산 능력과 끝내기 기술이 젊은 기사들에 비해 뒤처진다. 바둑도 다른 육체 스포츠와 크게 다르지 않다는 사실이 드러났다.

철저히 승률을 높이는 매커니즘으로 바둑을 두게 프로그래밍되어 있다는 알파고의 바둑 이전에 이창호의 계산이 있었던 셈이다. 인간이 알파고의 계산 능력을 따라갈 수 없듯이, 이창호 역시 40대후반이 된 지금은 우승권에서 멀어진 평범한 기사가 되고 말았다. 그가 스스로 만들어낸 변화이자 새로운 질서였기에, 이 같은 숙명을 차분하게 받아들여야 한다는 사실도 그는 이미 잘 알고 있다.

이창호는 결혼 후 딸을 낳고 치열한 승부의 세계에서 한 발 떨어져 후배들에게 도움이 되는 선배가 되고 싶다고 공공연하게 말한다. 분에 넘치게 받은 사랑을 사회에 환원하고 싶다며 어려운 이웃이나 재난 상황에 처한 국민을 위해 큰 성금도 아낌없이 내는 것으로 알려져 있다. 하지만 이창호는 여전히 한국에서 가장 인기 많은 바둑 기사이자 후배들이 가장 존경하는 현역 기사이기도 하다.

바둑은 현대 사회에서 가장 쓸모없어 보이는 한가한 놀이이자 게임처럼 보일 수도 있다. 가장 개인적인 취미이자 특기를 끝까지 밀고 나가 극한의 단계로 올라서자, 이창호의 바둑은 가장 사회적인 가치와 역사적인 의미를 획득할 수 있었다.

이창호는 바둑 이외에 다른 것에 눈을 돌려본 적이 없다. 그의 스승 조훈현은 사업도 하고 국회의원 배지도 달았지만, 이창호가 바둑 대회에서 받은 그 많은 상금을 어디에 투자했다는 이야기를 들어본 적이 없다. 그는 지금까지 사소한 시비에도 휘말린 적이 없고 사회적인 물의도 일으키지 않았다.

바둑을 두는 것 외에 그의 유일한 취미는 '스트리트파이터'나 '철권' 같은 오락실 대련 게임을 즐기는 거라고 한다. 세계 최고의 바둑 기사가 오락실에 앉아 동전을 넣고 조이스틱과 버튼을 조작해 게임에 몰두하는 모습이 어쩐지 우스꽝스러워 보이긴 하지만, 그는 요즘도 강남이나 노량진의 유명 오락실에 출몰해 간간이 게임을 즐기다가 온다고 한다.

게임에 열중하는 그의 모습은 바둑을 둘 때의 모습과 크게 다르지 않다. 이창호는 언제나 이창호일 뿐이다.

수행과 정진으로 얻은
구도의 길

한국 현대불교계의 큰스님,
성철(性徹, 1912~1993)

⊗ "자기 마음을 속이지 마라"

새해가 되면 어김없이 여러 계획을 세우고 새 마음을 먹는다. 지난
해를 되돌아보며 올해엔 더 나은 삶을 살기 위해 노력할 것을 다짐
하기도 한다. 보통의 존재들에게 '시작'이란 말처럼 긴장과 설렘으
로 부푼 감정을 일으키는 게 없다.

물리적으로 보면 전혀 다를 바 없는 낮과 밤의 연속이며 새털 같
이 많은 날 중의 하루일 뿐이지만, 새해 첫날이 언제나 상서롭게 느
껴지는 건 그 때문이다.

그러나 며칠이 지나면 다시 일상을 회복할 것이다. 결심은 무너

지고 계획은 어그러져 지난해의 나로 돌아가 있는 모습을 발견한다. 되는 일도 별로 없고 한계를 새삼 절감하게 될지도 모른다.

실망과 허탈의 무참한 반복, 그게 우리네 삶이고 또 언제고 겪는 번뇌를 깨닫는 과정이기도 하다. 새해의 새 마음은 그렇게 사위어지고, 또다시 그저 그런 흔한 날로 하루하루가 채워진다. 번잡하고 고단하며 진전된 바 없는 삶, 바로 그곳에서 인생이 쌓여간다.

헛된 생각과 말들로 자신을 기망하는 게 문제다. 우리 모두는 서로가 서로에게 적인 경우도 많다. 자기 마음이 지옥인데 세상이 아름다워 보일 리도 없다. 남들은 그렇게 올랐다는 부동산과 주식도 하나 없는 벼락거지인 나의 삶이 애처로울 수 있다.

그렇다고 새해의 첫 마음이 미욱한 것만은 아니다. 그래도 좀스럽고 피로했던 어제와 달라지려는 마음을 먹은 셈이기 때문이다. 끝내 지켜지지 않더라도 자신을 속이지 않으면 그것으로 족하다.

⊗ "무겁거든 내려놓고 가거라"

이 시대엔 큰 스승이 없으니, 특별히 야단칠 사람도 없다. 그저 자신이 줏대를 세우고 삶의 기준을 마련하는 수밖에 없다.

엎어지지 않는 것만으로도 다행인 빙판길을 걷는 사람은 안다. 살얼음판을 밟아 깨뜨려 발목까지 젖더라도 아슬아슬한 것보단 낫다는 생각이 들 정도다. 힘든 일을 겪을 때 마냥 주저앉고 싶은 심리다.

사람들은 저마다 자신의 몫을 짐에 지고 살아간다. 번민과 고뇌의 근원이 거기에 있다. 훌쩍 털어내고 싶어도 마음처럼 쉽지 않다. 종교에 귀의하고 속세를 떠나는 사람의 마음을 이해 못할 바가 아니다. 인간이 겪는 고통의 시간은 역사적인 것이었다. 아둔할수록 번민의 이유를 다른 곳에서 찾는다. 고통의 책임을 다른 이에게 전가하기도 한다.

예전엔 우리에게도 큰 스승이 있었다. '성철' 스님이 그렇다. 한국 현대불교 선종을 대표하는 스님인 만큼 수행이 깊었으며 법력 또한 높았다. 스스로를 다스리는 '자심(自心)'과 다른 이를 이해하는 '현량(現量)'이 남달랐다.

성철은 산속 깊이 사니 세속의 인간이 찾아가는 수밖에 없었다. 성철을 만나기 위해선 먼저 부처님께 3천 배를 올려야 했는데, 아이와 어른을 가리지 않았고 대통령과 재벌에게도 예외는 없었다.

오체투지를 여덟 시간이나 하는 게 범인에겐 쉬운 일이 아니다. 누구를 막론하고 3천 배를 올리게 한 성철을 두고, 권위주의적이며 고지식하다는 주장이 나올 수밖에 없었다.

법정 스님 역시 성철의 3천 배 강요는 부처를 앞세워 자기 권위를 높이는 행위라고 비판했다. 하지만 어느 날 성철에게서 "사람들이 절에 와서 부처는 안 찾고 나만 찾더라", "3천 배를 하고 나니 마음이 편안해졌다더라"라는 말을 듣고 법정마저도 성철의 3천 배 요구의 숨은 뜻을 알게 되었다고 인정했다.

| 성철과 법정

　이후 법정은 성철을 선배이자 큰스님으로 모셨다. 성철이 괴팍하고 기행을 일삼는 스님이었다면, 법정은 대중에게 좀 더 다감하고 편안한 스님이었다. 성철과 법정 두 사람은 한국 현대불교를 상징하는 대표적인 인물이 되었다.

　어렵사리 만난 성철은 사람들의 이야기를 귀담아 들어줬다. 그렇다고 뾰족한 해결책을 제시해주는 건 아니었다. "너한테 문제가 있는데, 그걸 왜 나한테 물어?" 하는 식이었다. 선문답에 가까운 말에 사람들은 답답함을 느꼈다.

　그러나 산사를 내려갈 때쯤, 성철이 던진 마지막 한마디에 마음이 누그러졌다. "무겁거든 내려놓고 가거라." 3천 배를 올리는 동안 이미 괴로운 마음이 풀어지고 큰스님의 한마디에 위로를 얻었다.

⊗ "내 말에 속지 마라"

성철의 속명은 '이영주'다. 경상남도 산청 출신으로 17세 때 불가에 입도해 사미계를 받았다. 해인사에 들어가 스승 '동산' 스님으로부터 법명을 얻었다. 성철은 극단적인 수행을 마다하지 않는 승려였다. 대구 팔공산 말사 암자에서 8년 동안 '장좌불와(長坐不臥)'했다.

장좌불와란 수행하는 동안 눕지도 자지도 않는 걸 말한다. 하루에 한 번밖에 밥을 먹지 않았다. 오전에 먹고 오후부터 다음 날이 될 때까지 입에 아무것도 넣지 않았다. 하루의 끼니로 콩 열다섯 알만 먹는 날도 많았다.

1980년대 초 한국 불교계가 내분에 휩싸였을 때, 문제를 해결할 이는 성철밖에 없다는 이야기가 나왔다. 당시 불교계는 군사독재정권의 감시를 받는 통에 분열로 와해되기 직전이었다. 정권에 투항하고 기생하자는 쪽의 입김도 만만치 않았다.

조계종 종정은 한국 불교 최대 종파의 수장 자리였다. 세속에 초연하고 깊은 산에서만 살던 성철이 종정 직분을 수락할 리 없었다. 많은 승려가 성철을 찾아가 설득했다. 결국 성철은 자신의 이름을 내세워 한국 불교가 다시 살아날 수 있다면 기꺼이 자신을 내주겠다며 종정을 맡았다.

하지만 종정이 되고 난 뒤엔 더 깊은 산속으로 들어가선 기거하는 방 주변에 가시덤불을 치고 7년 동안 나오지 않았다. 종정이라면 으레 서울 인사동에 있는 조계종 본사찰인 조계사로 건너올 줄 알

왔더니 오히려 꼭꼭 숨어버린 것이다.

언론과 정치인들이 가만히 있을 리 없었다. 이미 그 이름만으로도 한국 불교 최고의 자리에 오르게 된 성철이니 만큼 찾아오는 이가 많았다.

"장좌불와하는 동안 정말 주무시지 않은 겝니까?" 기자가 찾아와 물었다. "내가 목석이냐? 잠을 안 자게" 하고 성철이 답했다. 그가 조계종 종정에 오르자 수많은 사람이 계시를 내려주길 청했다.

그가 남긴 일성은 "내 말에 속지 마라"였다. "나는 평생 거짓말만 하는 사람이니, 나 같은 사람의 말을 들을 필요가 없다"라고 했다. 고승의 말과 글을 헛된 증표로 삼으려는 속세의 사람들에게 날린 성철다운 일갈이었다.

선승의 괴팍한 말과 행동에 사람들은 당혹스러워 했지만, 그의 말과 행동은 이미 세속의 기준으로 평가할 성질의 것이 아니었다. 극의에 이른 성철의 선문답은 구도의 길을 떠난 자들에게만 쓸모 있는 것이었다.

성철의 선문답을 함부로 낮잡아 볼 수 없었던 까닭은 그가 참선 못지않게 불교의 교리 연구와

| 날카로운 눈매의 성철 스님

법문 득해에 열심이었기 때문이기도 했다.

불교계의 어느 누구도 그의 논리와 해박한 지식과 상대할 자가 없었다. 그는 깨달은 뒤에도 계속 수행에 정진해 더 높은 경지에 단계적으로 올라서야 한다는 지눌의 '돈오점수(頓悟漸修)'에 반하는 '돈오돈수(頓悟頓修)'를 주장했다.

돈오돈수란 모든 깨달음을 한 번에 완성하는 걸 이르는 말이다. 깨달은 자는 그 이상 수행도 정진도 더할 필요가 없다는 주장이었다. 한국 선종 불교계에 1천여 년을 이어져 내려오던 '보조국사 지눌'의 사상을 뒤엎는 획기적인 견해였다.

⊗ "스님, 불 들어갑니다. 어서 나오세요."

개발독재 시대에 성철이 당대 최고의 승려로 평가받은 이유는 누구에게나 적용되는 '잘 먹고 잘살자'라는 속된 삶의 기준에서 완전히 벗어난 삶을 실천했기 때문일 것이다. 성철은 누더기 두 벌을 번갈아 가며 40년을 입었으며, 명성을 얻은 뒤에도 절대로 산에서 내려오지 않았다.

그는 높은 자리에 오를수록 더욱 수행에만 정진했다. 장좌불와니 문 앞에 쳐놓은 가시덤불이니 하는 말들은 곁가지에 불과하고, 그가 보여준 수행의 태도와 절대정신 그 자체가 그를 큰스님으로 만들었다.

1993년 성철이 선종하자 전 국민적인 애도가 이어졌다. 추모의

수많은 인파가 몰려든
성철 스님의 다비식

분위기가 어느 정도였느냐 하면, 우리나라에 TV 채널이 세 개밖에 없던 당시 세 방송사 모두 성철의 다비식을 생중계했다. 한 종교인의 죽음으로선 전례 없던 일이었다.

성철의 다비식이 열린 해인사엔 평소 그의 삶과 정신을 흠모하던 30만 불교 신자가 몰려들었다. 해인사 개찰 이후 최대 인파였다. 사찰 인근 IC에서부터 정체가 시작되어 10km가 넘는 구간에 차량이 가득 찼다.

사람들은 스님의 다비식이 이어지는 내내 자리를 떠나지 않았다. "스님, 불 들어갑니다. 어서 나오세요."라고 외치며 눈물을 흘리는 이도 많았다.

불교신자는 물론 전 국민 모두가 성철이 떠난 빈자리를 아쉬워했다. 성철은 "참선 잘 하그래이"라는 말을 남기고 입적했다. 다비 이후 사리를 뒤지지 말라는 말도 덧붙였다.

하지만 속된 인간들은 당대 최고의 선승이 남긴 덧없는 흔적을 찾고 상징을 만들기에 여념이 없었다. 9시 저녁 뉴스에서도 많은 시간을 할애해 스님의 다비식 장면을 보여주고, 범상치 않게 적녹황으로 빛나는 사리 110여과를 수습했다는 소식을 전했다. 큰스님에 걸맞는 후과라며 떠받드는 말도 잊지 않았다.

한국 현대불교에 있어 꼭 필요한 참선과 수행의 방법을 마련하고 정도를 제시한 성철 스님은 지금까지도 크고 빛나는 이름으로 남아 있다.

온갖 사회적 압력이 과도하고 무한한 경쟁에 내몰린 처지의 현대인들에게 그의 가르침은 더욱 절실하게 느껴진다. "무겁거든 내려놓고 가거라."

역사에 별빛처럼 빛난 자들

초판 1쇄 발행 2022년 11월 1일

지은이 | 강부원
펴낸곳 | 믹스커피
펴낸이 | 오운영
경영총괄 | 박종명
편집 | 김형욱 최윤정 이광민 양희준
디자인 | 윤지예 이영재
마케팅 | 문준영 이지은 박미애
등록번호 | 제2018-000146호(2018년 1월 23일)
주소 | 04091 서울시 마포구 토정로 222 한국출판콘텐츠센터 319호(신수동)
전화 | (02)719-7735   팩스 | (02)719-7736
이메일 | onobooks2018@naver.com   블로그 | blog.naver.com/onobooks2018

값 | 16,500원
ISBN 979-11-7043-353-8   03910